新时期办公室秘书工作理论与实践

刘 晶 ◎ 著

北京工业大学出版社

图书在版编目（CIP）数据

新时期办公室秘书工作理论与实践 / 刘晶著. — 北京：北京工业大学出版社，2018.12（2021.5 重印）

ISBN 978-7-5639-6545-8

Ⅰ．①新… Ⅱ．①刘… Ⅲ．①秘书—工作 Ⅳ．①C931.46

中国版本图书馆 CIP 数据核字（2019）第 023083 号

新时期办公室秘书工作理论与实践

著　　者：	刘　晶
责任编辑：	齐珍娇
封面设计：	晟　熙
出版发行：	北京工业大学出版社
	（北京市朝阳区平乐园 100 号　邮编：100124）
	010-67391722（传真）　bgdcbs@sina.com
经销单位：	全国各地新华书店
承印单位：	三河市明华印务有限公司
开　　本：	787 毫米 ×1092 毫米　1/16
印　　张：	8.75
字　　数：	190 千字
版　　次：	2018 年 12 月第 1 版
印　　次：	2021 年 5 月第 2 次印刷
标准书号：	ISBN 978-7-5639-6545-8
定　　价：	46.00 元

版权所有　翻印必究

（如发现印装质量问题，请寄本社发行部调换 010-67391106）

前　言

　　为什么秘书学专业学生的就业竞争力不如那些几乎从未接触过秘书专业课程的学生呢？原因有很多，但我认为最主要的原因是大多数秘书学专业的教材无论理念还是内容都非常陈旧落后，基本上还在采用 30 多年前计划经济时代党政机关秘书工作的"办文办会办事"的教学理念。这种理念的落后表现在以下几个方面。

　　第一，"办文"——"文种"大多不适合企业需要。在目前的秘书学教材中，"办文"这一部分主要是讲党政机关的几十个文种。目前90%以上的秘书学专业学生是去企业就职，虽然企业也有"请示""报告"这类管理性文书，但更多的是运营性和商业性文书。

　　第二，"办会"——在企业"英雄无用武之地"。在目前的秘书学教材中，"办会"是接站、安全、保卫之类的会务工作，这是机关办会的套路。其实，即使在党政机关，除党代会、人大会，平时很少有这种需求。在企业开会是要计算成本的，一般都是几十人的例行工作会，基本上不需要安全、保卫之类的会务工作。

　　第三，"办事"——关键是态度而不是技能。毋庸讳言，在秘书日常工作中，除档案管理有较强的专业性以外，其他工作专业"含金量"并不高，只要接受过初中以上教育就基本上可以胜任，因此，秘书"办事"能力关键是态度而不是技能，而我们的教材恰恰忽视了"态度"这一部分。

　　基于此，本书具备以下几个特点。

　　一是，在理念上定位准确，面向企业文秘人员，符合当前秘书实际工作需要，能解决文秘人员在日常工作中面临的普遍性问题。

　　二是，在内容上与企业秘书工作的流程吻合，具有可操作性。

　　三是，案例丰富，能增强学生的参与感，从而提高学生的学习兴趣。本书的案例具有真实性、典型性、故事性、目的性和适合课堂讨论这几大特点。

目录

第一章 概　述 ··· 1

　　第一节　秘书的定义及其工作的意义 ··· 1

　　第二节　秘书工作的起源 ·· 2

　　第三节　秘书工作的发展趋势 ·· 3

　　第四节　秘书的职位优势 ·· 5

　　第五节　助理、秘书与文员的区别 ··· 6

　　第六节　领导选择秘书的标准 ·· 6

第二章 秘书工作的基本要求 ··· 8

　　第一节　精神准备 ·· 8

　　第二节　思想准备 ·· 10

　　第三节　秘书的素质要求 ·· 15

　　第四节　秘书的能力要求 ·· 18

　　第五节　秘书的形象要求 ·· 21

　　第六节　保守机密 ·· 24

第三章 秘书必备的专业知识 ··· 27

　　第一节　上司与秘书的工作 ··· 27

　　第二节　秘书的工作内容 ·· 28

　　第三节　秘书工作的特点 ·· 31

　　第四节　接受指示与执行指令 ·· 32

　　第五节　请示与汇报工作 ·· 33

和"无形环境"。良好的"硬环境"，是指领导人的办公室整洁舒适，领导人在决策时不易受外界的影响和干扰，能保持一个良好的心态，所以，这就需要秘书为他们整理办公室、转接电话、招待客人，甚至处理一些私人事务。良好的"软环境"，是指领导人在决策过程中，要有充分、及时而又准确的决策信息，才能做出科学而又及时的决策，这就需要秘书为他们收集和整理各种信息。简而言之，企业为领导人配备秘书，是让秘书协助上司处理他们工作中的杂务，以便让领导人能专心致志地工作。从这个意义上说，秘书的工作就是为上司"打杂"。

第二节 秘书工作的起源

一、我国秘书的起源

我国的秘书工作到底起源于什么时候，目前学术界尚未有定论。有的学者认为我国的秘书工作起源于部落联盟的昌盛时期，即黄帝至禹时期，距今四千多年；也有学者认为秘书诞生于殷商后期，距今三千多年。在古代原始部落，每个首领的身边总有几个贴身的人，这些人协助首领对内渔牧开荒，对外或战或和，虽然还不具备秘书的意识，但他们已为现代秘书的作用定下了基调。当然，那个时代的辅助作用仅是单纯的日常事务。也许是在文字出现之后，部落首领或族长们才觉得有必要将自己的命令记录下来，秘书这种职业才算真正诞生。不管我国古代秘书起源于哪一年，从秘书的职责是辅助领导的工作这个意义上说，早在人类还处于原始部落时代秘书就已经诞生了。可以说，秘书是我们人类历史上最古老的职业之一。

二、现代意义秘书的诞生

作为一种正式的社会职业，现代意义上的秘书是在发明打字机之后才正式出现的。打字机是1808年由意大利人佩莱里尼·图里发明的。打字机大大提高了文件处理效率，再加上精美的印刷，于是打字和印刷就逐渐成为办公室的时尚和必备，于是大大加快了打字机的普及速度。这一切与产业革命带来的生产效率提高以及伴随而来的大量文件处理的需求是分不开的。

打字机的出现再加上速记法的改进，大大提高了办公室的工作效率。秘书要能够用速记将上司口述的指示迅速用打字机打出来，形成正式的文件，这逐渐成为欧美国家雇用秘书的首要条件。长期以来，速记和打字是秘书的两大基本技能，直至20世纪70年代，在录用秘书的考试中，速记仍然是考试的重点。

欧美国家的女性秘书真正引起社会关注是在第一次世界大战期间。在此之前，在欧美国家的企业中，经营管理基本是男性的天下，很少有女性进入。第一次世界大战爆发，男性上前线打仗,人手不足,于是雇主们开始录用女性。那时人们认为女性比男性更容易掌握打字和速记的技能,而且女性大多不会拒绝从事薪水较低的辅助性工作,因此,雇主们开始录用大量的女性,于是,女秘书作为一种正式的社会群体进入社会舞台。

三、秘书的性别

在发达国家,女秘书的比例高达 90% 以上。我国女秘书的比例也越来越高,在快速发展的民营企业中尤为明显。就秘书工作本身来说,是没有性别差别的,无论是会议准备还是起草文件,男秘书和女秘书一样可以完成。但是,这并不否定由于性别特点而使男女秘书在工作中各自具备优势。一般来说,男性秘书在知识结构、组织能力等方面占有一定优势,并且方便陪同上司出差和应酬;而女性秘书具有工作细心、善于沟通等优势。事实上,女秘书的细致、耐心常常让上司的工作受益匪浅。

第三节 秘书工作的发展趋势

作为职业秘书,在制订自己的职业生涯规划时,必须考虑秘书工作发展的大趋势,否则规划只是海市蜃楼。

随着 IT 技术的迅猛发展,特别是互联网走进千家万户,秘书工作的方式也开始发生革命性的变化。企业领导人对秘书的要求也在悄悄地发生变化,秘书工作的综合化、信息化和国际化已成为时代的发展趋势。

一、秘书工作的综合化

由于企业经营活动日趋复杂和多样化,上司对秘书工作有了许多新要求,使秘书工作开始综合化。比如,在公司的新产品发布会上,秘书要像外交部礼宾司的官员那样既能显示良好的教养,又能娴熟地应付各种突发的情况;而在与客户进行业务谈判时,则要求秘书有坚韧的耐性和丰富的业务知识,能处理谈判中各种棘手的技术性问题。因此,不仅要求秘书有一定的专业知识,而且要求秘书有多方面的知识。

二、秘书工作的信息化

随着 IT 技术的发展和互联网应用范围的扩大,企业领导人在经营管理方面也面临着挑战。如果只有经营管理能力而没有相应的技术方面的知识,他们就无法适应信息化社会发展的需要。对于企业高层管理人员,经营管理信息系统(Management Information System,MIS)、决策支持系统(Decision Support System,DSS)是他们在实际工作中面临的新课题,因此,无论在实施局域网(Local Area Network,LAN)或在线办公的过程中,秘书都应与上司同舟共济,迎接信息化挑战,尽快掌握这些新的办公方法,为公司领导的决策提供辅助。只有这样,才能体现作为辅助上司决策的秘书的存在价值。

目前，利用在线办公进行经营管理已是一种趋势。公司领导人利用会议电话系统、计算机系统、数据通信系统等其他通信手段完成交流沟通已经非常普遍，而且设备的性能还在日新月异。比如，秘书用视频安排上司与客人会谈，可以大大降低秘书接待客人的业务比重。

信息处理能力对于秘书来说将越来越重要。尽管计算机处理信息的能力是我们人类无法比拟的，但是它对信息的质量，即信息的重要性、机密性和紧急性的判断却无能为力，只能依靠具备相应经营管理意识的秘书，用自己的经验与知识进行过滤和取舍。比如对电子邮件的处理，通过电子邮件发送的信息量越来越大，内容越来越简单，而且其中还有一些信息让人莫名其妙，如果没有秘书的辅助，企业负责人在信息处理中会遇到各种麻烦，因此，现在大多数上司把工作中的电子邮件交给秘书处理。

随着信息化进程的加快，秘书既要有组织协调能力，也要有很好的表达能力，包括口头的和书面的。作为秘书，你不仅要提高自己的工作效率，而且要拓宽自己的视野，丰富自己的知识。

三、秘书工作的国际化

（一）全球化的时代

十一届三中全会以来，中国经济进入高速成长期，在海外的投资也迅速增长，开始进入国际贸易大国的行列。如今中国的工业产品遍及全球，已成为"世界工厂"。

在国际化过程中，一大批像海尔这样的中国制造企业已实实在在地出现。在长三角、珠三角等沿海地区，一些中小规模的乡镇企业的产品说明书也多是用中英两种文字印刷的，越来越多的企业已开始国际化。

（二）会说英语

随着世界经济一体化进程的加快，我国企业，无论是国营还是民营企业，国际化的步伐也在加快。企业收到外文传真、电子邮件、电话和接待外国客商来访，已是司空见惯的事情。在一些大企业，接待外国客户来访几乎是一种日常性工作。如果秘书连一句"This way, please."（这边请。）都不会说，就无法工作，所以，秘书要学习外语，特别是学习英语。

（三）良好的文化素养

秘书在提高外语水平的同时，应加强对世界各国文化及价值观的了解，这样才能在国际交往中畅通无阻。现在的国际化人才，应对国内外政治和经济动向时具有敏锐的洞察力，对各国社会文化和价值观十分了解，具备与外国人打交道的必要知识和语言能力，做出令人信服的解答，能对外表现出积极合作的姿态，具备作为一名中国人应有的良好教养和综合素质等。作为现代企业的秘书，必须具有良好的文化素养。

第四节 秘书的职位优势

一、"打杂"含金量高

秘书的日常工作是"打杂",但这并不意味着秘书工作"技术含量低",没有职业发展前途。在现代职场上,白领要想在职业上实现快速发展,两种资源必不可少:一是信息;二是人脉。对于"打杂"的秘书来说,在这两点上恰恰具有天然优势。那么,秘书如何收集自己职业发展所需的信息,建立自己的人脉关系呢?我们不妨先看下面的例子。

小萌是东北通用机械股份有限公司总裁办的秘书。小萌是英语专业的硕士毕业生,半年前来到总裁办,平时也只是打杂,如接电话、取文件、写通知,但她并不觉得自己是大材小用。她认为,如果自己连"杂"都打不好,领导是不会把更重要的工作交给自己的。

一天,总裁让她到四楼的研发部取份材料。技术总监给她的是一份公司开发纳米产品的可行性报告。由于机械加工行业利润率越来越低,公司决定开发系列纳米产品,以形成新的利润增长点。她习惯性地仔细阅读了经手的材料,看完后,她预感到公司有可能要进行这方面的投资,于是,她开始注意收集有关纳米的资料。她不仅注意收集信息,还利用自己工作上的便利,在与研发部打交道时,向他们请教有关纳米的一些问题。见总裁办秘书向自己请教,工程师们自然诲人不倦。久而久之,小萌不仅积累了丰富的纳米知识,还与从事纳米产品研发的工程师们建立了良好的关系。

一天公司召开临时董事会,讨论投资纳米产品项目的问题。由于大多数董事过去从事机械加工,对纳米没什么了解,尽管技术总监解释了半天,大家仍然感到有些困惑。眼看会议陷入僵局,总裁有些坐不住了。这时,坐在他身后担任会议记录员的小萌悄声问总裁是否可以让自己解释一下什么是纳米。总裁马上点头,于是,小萌用非常通俗的语言解释了什么叫纳米以及纳米产品的功效。会议达到了预期的目的,结束时总裁宣布让小萌负责公司纳米项目的协调工作。

像小萌这样,因为"打杂"而能了解更多的情况,在视野和经验上,比在部门工作的员工要占优势。另一方面,领导对秘书的了解更多一些,能够给秘书提供快速成长的环境和条件。这就是秘书的职位优势,这种职位优势,是其他任何职位,如人力资源、客服或销售都没有的。因此,秘书"打杂"的含金量非常高,关键看你自己有没有能力发现,并将这种价值提升,变为自己工作的动力和机会。

二、工作体面而又稳定

作为一种正式的职业,秘书工作给人的印象首先是体面,办公环境舒适优雅,与重要客户接触的机会多，经常辅助公司领导处理一些重大问题，办事比较规范，工作和收入都比较稳定，这些都非常适合女性。

三、职业发展空间大

秘书职业的吸引力还在于秘书业务涉及面广，根据具体情况处理业务，能充分发挥自己的主观能动性。秘书不仅能经常接触公司重要信息，而且能根据情况提供一些自己的建议。在处理业务过程中与上司一起工作，有很多与公司内外优秀人才打交道的机会，积累的经验和知识是多方面的，这为今后转到其他部门工作提供了充分的机会和坚实的基础。

第五节　助理、秘书与文员的区别

目前，越来越多的企业设置了"助理"职位，其实，这也是秘书的一种，只不过是"高级秘书"。助理要更多地与上司一起参与公司的经营决策。事实上，我国目前对"助理""秘书"和"文员"这几种职位没有进行严格的区分。在我国大多数企业，秘书的职责范围不十分明确，秘书要负责的工作范围很宽，因此，他们常常被称为"不管部部长"。从现代人力资源学的角度看，助理、秘书和办公室文员这三者同属于"秘书"的范畴，在本质上没太大区别，只是在分工上略有不同。所以，要给助理、秘书与文员做一个明确的区分十分困难，最多只能勾勒一个大致的轮廓。

第六节　领导选择秘书的标准

一、容貌端庄

领导在选择自己的秘书时，一般都有自己的偏好。有的喜欢性格开朗，有的喜欢相貌端庄，有的喜欢勤快，有的喜欢沉稳……尽管选择的标准各不相同，但对"好"秘书的看法基本相似。首先，作为秘书，必须容貌端庄、让人看着舒服。看着舒服并不一定是特别漂亮，衣着打扮和言谈举止要得体，气质高雅。

秘书给上司的第一印象很重要。在这个"第一印象"中，除了容貌之外，还包括口音、音调和口齿是否清楚等因素，它们都有可能影响第一印象。尽管一个秘书的价值和她的外表没有直接关系，但通常，即使内在品质非常优秀，给上司的第一印象仍可能是由外表决定的。上司选择秘书往往取决于第一印象。当然，如果仅仅给上司留下好感，还不足以让他放心地把工作交给你。

二、为人稳重

光看着舒服,上司还不会真正信任你,他还要继续考察你是否忠诚老实、为人稳重。只有让上司信得过,让他感到放心,才能算是真正的"秘书",否则,即便被称为"秘书",实际上也就是一名普通文员。

为什么秘书一定要让上司感到放心呢?因为秘书经常接触公司重大决策信息,甚至参与这些信息的处理,如果上司对秘书不放心,就不会让他接触这些机密。这一点也可以说是秘书与普通文员的标志性区别。因此,作为秘书,第一职业准则就是保守秘密。有些年轻秘书泄密,并不是他们有意这么做,很多时候是由于他们的疏忽造成的,如被人盗走机密,或对方通过对自己的行为进行推测得到机密等。因此,秘书要小心慎言。另外,一些人由于失恋等原因造成精神上不稳定,感情上有点什么波折都会挂在脸上,这样的人也很难让上司放心让他做自己的秘书。

三、经验丰富

只有当上司对秘书感到放心后,他才会根据你的能力安排工作。而秘书也只有通过充分显示自己的能力,才能让上司对自己的工作满意,成为上司名副其实的助手。那么,秘书要具备什么条件才能让上司省心呢?

(一)经验丰富

有经验的秘书,在工作中会有以下特征:先决定工作的先后顺序,然后着手开始工作;做好必要的准备工作后再开始工作;整理好办公环境,以减少疲劳;文件存放从不将就,按规定存放到位,这样找文件时非常方便;在不是特别强调先后顺序的情况下,工作从难到易;对于那些特别费时费力的工作,在处理过程中应向上司反映,听取上司的指示。

(二)身心健康

上司对秘书的要求首先是身体健康、头脑敏捷,所以说秘书工作既是体力工作也是脑力工作。身心健康是从事秘书工作的先决条件。生活有规律,保持适度的运动与休息,注意饮食平衡。只有保持身体健康,才能在工作中保持耐力和精力,出色地完成自己的工作,这是秘书的最基本的条件。

第二章　秘书工作的基本要求

第一节　精神准备

一、树立责任感

被公司录取，走上工作岗位，终于迈出了成为白领的第一步。也许，在你的心里充满了期待与不安。不管你是否适应，事实上你已经开始了全新的生活。

在学生时代，即使你学习不认真，考试只得60分甚至不及格，也不会影响其他同学的学习。但成为白领后，如果你不努力工作，不仅不能完成本职工作，还会影响其他的同事甚至整个部门的工作。进入职场，你要对同事甚至整个部门负责了，这是学生与白领之间最根本的区别。成为白领，意味着要对自己的工作乃至社会承担相应的责任。所以，成为白领后的第一件事，就是开始建立责任感，自觉地履行公司成员的责任。

二、增强时间观念

绝大部分公司的上班时间都是从上午9点到下午6点，除中午吃饭休息1个小时外，其余8个小时都要认真工作，完成既定的工作目标。作为白领，再也不能像学生时代寒暑假打零工那样，高兴时多做一点，不高兴时就偷懒。如果是那样就丧失了作为白领的资格。因此，当你成为白领之后，要保持高度的时间观念，无论是早上起床，还是在上班时间，都要抓紧时间。可以说，是否树立"时间就是效益"的观念，是一个人由学生转变为白领的重要标志。

俗话说，一天之计在于晨。成为白领之后，不仅要改变学生时代喜欢睡懒觉的习惯，而且要充分利用早晨上班之前的空余时间，尽可能多地掌握一些社会资讯，因此，要养成利用早餐时间或在上班途中看新闻的习惯。

三、用新标准要求自己

既然你已经成为白领，那你就要对自己的未来负责，对自己的家庭负责，对自己的工作和所在的公司负责。为了承担自己作为白领需要承担的社会责任，你必须用新的标准要求自己，在工作中学习、成长。

四、给人良好的第一印象

人们常说："人不可貌相，海水不可斗量。"这句话的意思是不要用一个人的外貌评价他，因为通过外貌得到的第一印象往往是不准确的。但是在现实生活中，上司、同事和客户却常常以对你的第一印象来评价你。他们之所以这样，并不是他们浅薄，而是他们对你不了解，初次见面只能根据你的外貌评价你。因此，如果你希望给别人留下良好的第一印象，就应注意自己的仪容仪表。事实上，衣着打扮得体，不仅能给上司、同事和客户带来信任感，也能给你自己带来快乐和自信。为了给上司、同事和客户留下良好的第一印象，就不能像学生时代那样追求"随意"了。

五、养成说"早上好"的习惯

作为年轻的白领，一定要养成说"早上好"的习惯。早晨上班时对上司和同事说声"早上好"，下班时说声"再见"，就这么两句话，对你来说可能很简单，没有特别的含义，但对你的上司和同事们来说，他们的感受可能大不相同。他们能感受到你的教养和工作热情，因此，当你在工作中遇到困难，需要他们的帮助时，他们会很乐意给你更多的帮助和支持。相反，如果同事对你说"早上好"而你毫无反应，人家就会在后面说你"不懂礼貌"，这样他们也会疏远你。

六、朝气蓬勃

刚开始上班，上司和同事不会要求你有太多的经验和能力，他们最关心的是你是个什么样的人，关心你的工作态度。作为上司和同事，他们对你的基本要求是开朗活泼、善于沟通，这样，你既能迅速融入团队，又能使办公室的气氛活跃起来。因此，刚上班时，你一定要面带微笑。你的微笑和热情，说明你是一个朝气蓬勃、谦虚而又有上进心的人。只有对未来充满了信心，对新的工作充满了热爱，才能流露开朗活泼和乐观的情绪，也只有这样，你才能感染周围的同事。为了显示青春活力，走路应抬头挺胸、步伐稳健；衣着整洁、干净利索；说话注意力度，无论是上司让你办事，还是早上与同事见面打招呼，声音都应底气十足，这种勃勃朝气，不仅能给办公室带来活跃的气氛，而且能提高你的自信心。如果你谦虚好学，对工作有强烈的好奇心，你就能给上司和同事们留下阳光和大有作为的印象。

七、精神自立

白领要做到精神自立。所谓精神自立，就是在面对工作与生活时，自己做出判断，想出解决问题的办法，自己动手解决问题，而不再像学生时那样依赖父母、老师和同事。当然，父母、上司、同事有责任和义务帮助和指导年轻人，但归根结底，工作和生活必须靠自己。一个职场新人，只有当他意识到要对自己的家庭、公司和社会负责任时，他才开始真正成为一个白领。

第二节　思想准备

一、具备"使命感"

什么是"使命感"？假如你是一位空中乘务员，当飞机在高空飞行遇到气流而出现强烈的颠簸时，你不仅不能露出一丝惊慌，还要对乘客的抱怨、担心报以微笑。如果你自己先惊慌失措，就会让乘客感到更加惊慌，飞机的飞行会更加不安全。因此，当你因颠簸而感到心里难受，乘客并不理解你反而责骂你时，你也要微笑，这种责任就是空中乘务员的使命。

职业秘书的使命是竭尽全力辅助上司的工作，不管遇到什么情况，都要尽心尽力地完成自己的本职工作。

有些秘书不太自信，认为自己天生不是做秘书的材料。其实，这不是能力问题，而是心态问题。做秘书既不像走钢丝要掌握高难度的平衡技巧，也不需要有能力做太空轨道运算这样复杂的计算，只要具有使命感，全力以赴，尽可能地将自己的时间和精力投入工作中，你就能成为一名优秀的秘书。

二、学会使用职场语言

语言是秘书的主要"工具"，它不仅影响秘书的工作质量，也决定秘书人际关系是否和谐。因此，秘书新人，特别是刚从学校毕业的秘书新人，第一件事就是学会使用职场语言。

（一）改变"学生腔"

秘书作为公司上下交流的"枢纽"，从每天早上的"早上好"开始，工作的大部分时间是在传达、说明、汇报、答复等，通过语言与上司、同事和客户进行交流。为了让对方明白自己的意思，不产生误解，就必须用职场的通用语言进行交流。

由于过去长期生活在校园，说话时自然会带一些"学生腔"，比如说话结束时喜欢带一个表示语气的尾语，或者见到比自己年长的都称之为"老师"。语言是有惯性的，"学生腔"是多年养成的语言习惯，要在一朝一夕改变有一定的困难。但是，如果不改变"学生腔"，即使你说话很自然，对对方也很尊重，但仍有可能引起对方的误解和不愉快，这对工作非常不利。因此，成为秘书之后，首先要下决心改变自己的"学生腔"。

（二）"流行语"会给人肤浅的印象

电视、网络等媒体的发达，使大量追求新奇甚至哗众取宠的广告语言成为不少人的口头语，成为"时尚"的流行语。但是，作为秘书，如果在工作中经常使用那些网络"流行语"，会给上司和同事肤浅的印象。

三、培养职场意识

（一）清晰梳理各层关系

1. 公司与社会的关系

从企业的产权来看，90%以上的企业属于"私人"所有。但是这些私人企业提供的产品和服务影响着千千万万人的工作和生活，影响着整个社会的繁荣与稳定。从这个意义而言，这些企业也是"社会"的。既然企业是社会的，它就必须承担相应的社会责任，因此企业经营的目的不仅仅是追求利润。

人们经常从媒体了解到，某个地方发生地震或其他自然灾害，造成大量人员伤亡后，立即会有很多企业捐款赈灾。企业的这种行为就是它承担社会责任的一种表现，当然还有其他不同表现。我们的社会由不同单元构成，它们各自的振兴和发展，也必然推动着社会的进步、国家的振兴。

新员工进入公司后，要了解自己工作的意义。即自己的工作不仅是为了获得薪水，而是通过自己的工作，为企业的发展做贡献，进而为社会的进步贡献自己的力量。这也是我们个体作为职业白领的一份社会责任。

2. 个人与组织的关系

成为公司的一员，也就意味着个人和公司是一定程度上的同盟军。公司为个人提供平台和发展的机会，个人通过自己的劳动、贡献为公司创造价值，而最终希望的是实现梦想，达到双赢。

①个人与组织承载了共同的目标，两者不是对立的，也不是割裂开来的，而是一荣俱荣，一损俱损，作为成熟白领，要从内心认同这一点。新员工一旦被分到具体的工作部门，身份就从此改变了，要真正行使自己部门的职责，努力工作，成为组织内不可缺少的一员，为团队目标的达成做出贡献。

②组织是人集中的地方，必须有清晰的规则进行规范，以确保目标的达成与良性的运作。所以，个人要理解和遵从公司的系列规章制度和工作分配，特别要适应组织根据环境变化对自己的工作做出的调整，从而适应组织对自己工作的新要求，真正从实际工作上服从组织，成就组织。

③有些企业规模较大，分工较细，工作会显得很单调，因此个人可能会产生对价值感的困惑和失落感。可以理解这样的心情，但当初你为了实现自己的梦想而进入这样的大企业时，就应该考虑到这一点。其实周围的同事都一样，这样的坚持与蜕变也是一种难得的品质。真正去理解个人与组织的关系，将个人梦想与组织梦想有机结合，才能始终保持最好的状态。

(二)全面了解你所供职的单位

1. 单位的性质

当我们踏入社会就会知道,每个人供职的单位是不同的,有类别的差异、性质的差异。大的类别有企业、行政机关、事业单位、政府等,而企业里还有很多小类别,除了性质之外,还涉及不同领域,这都使单位具备了显著的差异性。所以作为新员工要先了解你所供职的单位属于哪一种性质,有哪些关键点,这是后续工作的基础。每个员工的形象一定要与企业的形象相符。

2. 单位的目标与使命

组织是在为一定的目的而活动着,组织中的所有成员一起在为一个共同的目标而活动,这就是共同的使命。企业所有成员的共同目的就是要向社会提供具有竞争力的产品和服务,从而实现利润的最大化。每个员工的工作都要围绕单位的目标来展开,而且渗透到日常每一个环节,用行动去创造和实现价值。

3. 单位的文化

资源是会枯竭的,唯有文化生生不息。企业文化并不是无形的,它是企业的核心价值观、业务流程、管理体系乃至创新与变革能力等的具体象征,也是一个企业发展与状态的精神力量。所以了解和遵从企业文化,让自己真正融入并推动企业发展是最正确的一条发展之路。

(三)深入理解秘书这一职业

1. 秘书的职业特点

秘书职业是一种具有综合性和辅助性特点的职业,要求具备较强的文字与语言表达能力、综合协调与合作能力、逻辑思维与分析能力等。秘书这一职业对于综合素质和情商的要求大于对业务技能的要求。当然并不是说业务技能不重要,而是相对而言,业务技能很容易掌握,门槛并不高。但秘书优秀与否真正的差异则是来自"人"的不同、"悟性"的不同、情商的不同。所以在提高自身专业能力并灵活运用的同时,要特别关注自身的综合素质,先会做"人",才更容易在秘书职业道路上越走越远。

在一些人的观念中,秘书是"吃青春饭"的。其实真正职业化的秘书其职业生涯发展前景非常广阔,甚至许多高级别的助理秘书岗位可以作为终身职业。

2. 周边对秘书的定位与期望

(1) 沟通协调的"桥梁"

秘书往往处于一个单位的管理中枢,每天上传下达,左迎右送。既要负责在领导和同事之间完成高效的传达和连通,又要能协调好内外部各种资源,解决一切突发事件,让一切的"不可能"逐渐变成"可能"。

（2）信息的"枢纽"

秘书所从事的工作已不仅仅限于办文、办事、办会等一般性工作，而是以信息为载体，在获取和处理信息的基础上，正确地理解与补充相关信息，并通过恰当渠道将这些信息传递给正确的群体。这就要求秘书具备信息获取、选择、预测、处理和运用等各项能力，同时要特别注意信息的安全。

（3）团队高效运作的"管家"

秘书在单位所涉及的事务非常繁多，很多时候领导、员工都是"有问题找秘书"，看似琐碎的很多工作，需要秘书逐一去攻破。同时要关注流程的高效率，关注团队的健康度。

（4）上司形象的"代言人"

秘书一定要举止得体、不卑不亢。对于外部客户，要做到以客户为中心，心系客户，对方会从秘书的言谈举止推测其上司的素质和公司的整体水平。对于领导要保持合适的距离，提供贴心服务。对于内部同事要谦虚和气，不能趾高气扬，如果大家都觉得你素质很高，都愿意和你打交道，你就成功了一半。

这些期望都对秘书从业者提出了很高的要求，必须知悉、理解和运用职场礼仪，每一步都走得扎实和稳健，向成熟的职业秘书迈进。

四、遵守职场准则

（一）以"保密"为先决

无论是中文还是英文，秘书这个词都有"保密"的含义，可见保密对于秘书而言是多么重要。由于市场竞争越来越激烈，企业为了生存和发展，不仅在产品上要创新，在经营等方面也需要创新。这样就自然产生了大量的商业机密，秘书因为工作关系接触的信息会比一般员工多，需要特别注意。

这是一个商业社会，一些单位或个人为了能在竞争中取胜，会不择手段地去窃取竞争对手的商业机密，秘书千万不能成为商业竞争对手窃取机密的"突破口"。在组织内部，也要有明确的分工与界定，相关的信息应该传递给正确的群体，不讲小话、不主观臆断。因此在日常工作中要严格保密，不该说的绝对不说。做"口紧"的秘书，真正让人信赖。

（二）以"尊重"为源头

礼仪的核心可以归为"被尊重的感觉"。而秘书工作的核心也应该首先做到尊重，以人为本，严于律己，宽以待人。对单位同事，要热情地帮助，耐心地倾听，善意地建议。对客户，要真正站在对方立场考虑，尽可能地提供更多的服务支撑，这些都是最自然的尊重。对于这个职业，也应该有必要的尊重。言必行，行必果，真正履行被赋予的使命与责任。

（三）以"职业化形象"为目标

职业化形象通俗地说，就是这个职业的从业人员所体现出的综合风貌。比如一说到空乘、护士我们会自然而然联想到他们的行为操守和形象。作为秘书也要打造和树立这个岗位的职业化形象，主要体现在以下几个部分。

1. 责任感

责任感就是自觉做好分内之事。作为秘书，要知道自己分内的工作，而且能积极主动地去完成。上司的客户来了，要自觉去迎接，自觉给客人倒茶；上司要写年终总结报告了，要自觉去帮他进行信息的收集和预处理……这样的"自觉"就是责任感的体现。具备了责任感的秘书，会把做好分内的工作当作自己的责任，当作一种价值尺度，随时用它来约束自己的行为，不在乎有没有外在的监督，不在乎有哪些困难，都会尽全力去完成和交付。秘书要在承担责任的过程中，不断提升自己的职业素养，在更高的层次上体验职业成功带来的快乐和幸福。

2. 守时守信

在现代职场，具备极强的时间观念和严格遵从约定时间是尤为重要的。为确保流程顺畅，大家都应该在规定时间内完成自己的工作，避免带来上下游环节和整个进度的影响。守时最基本的要求就是不迟到，无论是对客户还是同事，凡约定好的必须准时到达，万一因故不能赴约，要尽可能有礼貌地及早告知对方，并以适当方式表示歉意，以免个人信誉受到影响。同时秘书要用心维护好自己的"信用等级"，有时候并不是白纸黑字才是"契约"，口头约定的也算。凡是你的承诺，请一定要按时兑现，否则一次失约就是一次透支，你最终也会变成不被信任的人。

务必按约定时间到达。过早到达，会让上级因准备不充分而显得难堪；姗姗来迟，则又会让上级等候过久。万一因故不能赴约，要尽可能有礼貌地及早告知上级，并以适当方式表示歉意。就是因故迟到，也要向领导致歉，并说明原因，以争取领导的谅解。

3. 公私分明

公私分明一方面是严格区分公事和私事、公司财物和私人财物。上班时间单位的全部资源都应该用于工作，而不是用于个人。比如拿公司座机打私人电话，一聊就是半天；比如上班时间为自己家人做旅行计划等，不管有没有人发现都应该自律。否则久而久之，一旦成为习惯，就会带来非常恶劣的影响，成为职场发展的绊脚石。另一方面是公、私区分之后要有不同的处理方式。比如一旦上班，就应该着职业装，一旦接听电话，就应该立即进入与客户沟通的状态。这些时候，你不仅仅代表自己，还代表职业人的公共形象。

五、秘书新人的工作特点

秘书工作在现代企业管理中的作用是不言而喻的，但对于一些秘书新人来说，他们的工作往往"简单"、繁重而待遇不高；对于另外一些秘书来说，他们的工作很"轻闲"，整天无所事事。因此，在从事秘书工作之前，必须做好相应的思想准备。

（一）工作"简单"

由于秘书工作主要是"打杂"，如前台值班、转接电话、给客人泡茶、清洁和整理办公室，可能会让一些踌躇满志的秘书新人感到秘书工作非常"简单"，没有什么含金量，要不了多久他们就会失去工作热情，工作得过且过，应付了事。

（二）工作繁重

秘书工作繁重主要表现在工作时间长，上班要比上司早到，下班要比上司晚走。此外企业领导人加班是常事，所以加班对于秘书来说也就成了家常便饭。由于秘书新人资历浅，部门内部一些粗活重活或没人愿意干的活也多由秘书新人承担，因此，许多秘书感到工作繁重。

（三）待遇"低"

秘书的工作主要是"打杂"，难以量化，所以尽管秘书工作属于企业管理范畴，但许多秘书只是一般办事员，没有什么特别的待遇，奖金不如一般的业务人员多。

（四）工作"轻闲"

由于刚刚参加工作，缺乏工作经验、不熟悉公司业务流程、不了解上司的工作内容及工作习惯等，一些上司图省事只让秘书接电话或给客人泡茶，因此，一些秘书感到自己工作很"轻闲"。他们感叹青春年华的流逝，上班只好靠上网聊天等打发时间。

第三节　秘书的素质要求

秘书的日常工作是帮上司"打杂"，但他同时又肩负着"公司形象代言人"的重任。他给外人的印象不仅关系到上司的形象，也关系到整个公司的形象。所以，作为职业秘书，一定要在工作中有意识地塑造自己的品质。

一、认真

且不说职业秘书，就是一般的白领，在工作中也要"认真"。可以说，做到"认真"二字对于秘书来说是最起码的要求。但是，从另一个意义上来说这也是很困难的。对于年轻的秘书，谁没有点小爱好，谁不想自在一点呢？比如，与朋友在电话里聊天是一件很惬意的事，但是，无论哪个公司都不允许秘书有类似的行为。作为职业秘书，不仅要遵守单位的规章制度，而且还要比一般工作人员做得更好，因为你在领导身边工作，他们对你的要求自然更严，标准更高。他们不可能容忍你工作毛手毛脚、大大咧咧或办事拖拖拉拉。

二、诚实

诚实，就是说老实话，办老实事，做老实人。作为白领都需要诚实，对于秘书来说这一点尤其重要，因为不管经验多么丰富，秘书在繁杂忙乱的工作中多少会出这样或那样的差错。出了错，马上道歉，这就是诚实。比如，一位客户希望与公司领导见面，他在电话里说"下午14点来拜访"，你却听成"下午4点来拜访"，结果出现失约，造成误会。工作中出现了差错之后，应当实事求是地向上司认错，而不是掩盖事实，或者推卸责任。有些秘书不诚实，为了自己的私利，故意隐瞒事实真相，不及时向上司汇报，使上司的决策出现失误。所以，对于秘书来说，诚实是最重要的人品，只有用诚实才能换取上司和同事的信任。

三、谦逊

与其他部门的人相比，秘书的确有"近水楼台先得月"的优势，可以得到各种信息，知道各种机密，这是秘书的工作性质决定的。比如一天上午，公司开董事会讨论人事问题，秘书到会议室为与会者添了好几次茶，这样她就自然而然地知道了一些人事变动。又比如，总经理明天上午出差，下午让秘书分别通知赵、钱、孙、李四位部门经理来交代工作，其中他与李经理谈得最长，一直到下班还没有结束，这意味着什么？秘书当然能明白其中的微妙之处。正是由于秘书容易得到这些"信息"，往往会引起一些人的羡慕或忌妒。如果秘书自己也由此产生优越感，就会在无形之中破坏自己与其他部门同事的关系。

如果秘书没有谦逊的品质，职位上的优越感就会让他滋生出骄横跋扈的毛病，比如把上司的职权当成自己的职权，谁要是不买自己的账，就假公济私，想方设法给对方"穿小鞋"。即使你是一名秘书，也总会有人看在你上司的份上向你献殷勤，如果不具备谦逊的品质，你也会慢慢地把自己的尾巴翘起来。因此，为了搞好各方面的关系，秘书始终都要把自己当作公司的普通一员，绝对不允许自己滋生出"超人"的感觉。

四、合群

秘书部门是单位的"神经中枢"，从收集信息到给领导安排工作日程，秘书的每项工作都需要各部门的协助配合。如果一个秘书不合群，他就很难有亲和力，公司里的同事会对他敬而远之。如果这样，那他不仅得不到各部门的支持，反而有可能寸步难行。

五、宽厚

秘书应该性情温和、待人友好。因为部门利益、价值观念等方面的原因，同事之间对一些具体问题在看法上出现分歧是正常的。因此，当你在工作中遇到难以沟通的人时，应习惯换位思考，从对方的角度看问题，理解对方。不管双方的分歧有多大，首先要在人格上尊重对方，不要以权势压人，强迫对方接受自己的意见；如果对方不接受，也不能找机会刁难人家，给对方"穿小鞋"。

六、自信

秘书工作的一个特点是突发性事件多。比如，老板约好和一个重要的客户下午3点见面，可是他在下午2：30的时候没跟任何人打招呼就一个人开车出去了。客户马上就要到了，办公室主任找不着，秘书应该怎么办？面对这种情况，秘书应该情绪稳定、沉着应付。因此，秘书必须有高度的自信，否则局面无法收拾。秘书的自信一般不会挂在嘴上，也很少显在脸上，他们的自信体现在行动上。秘书办事谨慎，但这不是胆怯；为人宽容，但这不是懦弱的表现。事实上，秘书只有自信才能赢得上司的信赖。秘书凭借自信而成功的比例远远高于依赖聪明而成功的比例。

七、缜密

秘书在工作中必须缜密周到，养成做事留有余地的习惯。

秘书张茜的上司明天下午要去山东泰安出差，但到中午他还要在燕京饭店宴请东北来的客户。上司与客户吃完饭马上去北京站，乘火车在19：00之前赶到公司在泰安的办事处，晚上宴请几个当地的重要客户。

张茜对上司的日程是这样安排的：要在19：00之前到达泰安，必须14：30之前上火车，因为从北京到泰安快车大约需要4个小时，再加上从泰安火车站到办事处约半个小时。如果与东北的客户吃饭预计花1.5小时，加上从燕京饭店到北京站和提前上车需要1小时，需要在12：00开始进餐。根据这种反推法，张茜安排司机11：30从公司送上司到燕京饭店（半个小时足够），并订了14：30的火车票，通知泰安办事处的人18：30接站。

但是，第二天意想不到的事发生了。上司与客人吃饭一聊天把时间忘了，直到14：00才从饭店出来。他一看手表，说忘记了时间，问在饭店外等候的司机，去泰安下一趟火车最早是几点。司机说不清楚，上司有些不耐烦，于是司机马上打电话问张茜。没过1分钟，张茜就用短信将当天下午北京站路过泰安的所有火车的开车时间发了过来。因为张茜预计到这种情况可能出现，提前做好了准备。当时上司很惊讶，也很满意。

作为秘书，办事应缜密，尽量将工作中可能出现的各种意外情况考虑在内。在日常工作中出现张茜的这种意外情况并不多，准备好几十次列车时刻表也许只有一两次能用得上。有些秘书可能会认为这样是做无用功。但是，像张茜遇到的这种情况谁也不知道自己是否会遇到，所以，对于秘书来说，那种认为以前没有发生过、以后也绝不会发生的想法是不负责任的。如果办事缜密、留有余地，其结果往往会出乎你自己的意料。如果养成了缜密的办事习惯，出现意外情况也能应付自如，上司和同事会认为你是办事稳重、值得信赖的人。

八、有上进心

优秀的秘书会脚踏实地、追求上进。上进心表现在两个方面：一是自我学习能力强。

经常了解时事政治的最新动态，对宏观经济的走向有较深的把握。注意收集电视、报纸杂志、网络等媒体上的各种信息，弥补自己知识上的不足，迎接新的工作挑战。二是注意自我完善。人们在自我完善过程中，不仅能更客观地看待自己，也能更加深刻而又敏锐地了解世界和看透人心。因此，自我完善的过程实际上也是塑造自己品格的过程。自我完善不仅限于增加学问，比如听京剧、看美术作品，这些都是丰富自己内心世界、自我完善的方式。

九、幽默风趣

秘书在工作中应该冷静，处理问题要小心谨慎。但是，久而久之，可能会给人机械而又呆板的印象，这对维持良好的人际关系不利。作为秘书，不仅要搞好自己的人际关系，还要协助上司处理好各方面的人际关系，因此，必须机智幽默。所谓"机智"，就是俗话说的"在什么山上唱什么歌"，不墨守成规，能将原则性和灵活性融为一体。而所谓幽默感，就是你说的笑话让人不得不笑，但它又是优雅的。秘书处于企业管理神经中枢，是上司与公司内外交流沟通的重要桥梁。秘书不能为了机智幽默而机智幽默，重要的是体现良好的内涵和出色的能力，否则会给人留下只会耍嘴皮子的印象。

第四节　秘书的能力要求

对于秘书来说，如果仅仅具备全面的业务知识，还不能算是一个优秀的秘书。一个优秀的秘书，要能根据工作中出现的具体情况，灵活地运用自己掌握的知识和技能，做出及时有效的判断，与各方面进行沟通，圆满完成上司交代的工作，因此，他必须具备良好的理解能力、敏锐的洞察能力、广泛的信息收集能力、优秀的写作能力和出色的交流沟通能力。

一、判断能力与执行能力

秘书张茜已与税务局王局长约好，14：00陪上司钱总登门拜访，商谈明年本公司环保节能产品免税的事。他们正准备动身，前台来电话，说东北地区的总代理郑总来访，现在正在会客室。现在已经13：30了，如果按原计划去拜访王局长，就不能接待郑总，如果接待郑总，就得推迟或取消对王局长的拜访。作为秘书，张茜不能替上司做主选择是见王局长还是见郑总，也不好向不见的一方解释。现在办公室主任一时也联系不上，没法向他请示。张茜应该怎么办？

（一）能分析问题

事情很急，张茜需要冷静。首先应该分析可以采取哪些补救措施：给王局长或郑总去电话，取消拜访或推迟接待；尽快与办公室主任联系上，听取他的指示；如果不能按原计划拜访王局长，在告诉王局长不能践约时，一定要诚实，说明真正原因，尽量注意说话时的语气；在处理好这些问题之后，评估取消或推迟拜访造成的后果；如果有消极影响，就要采取新的措施把这种消极影响减轻到最低程度。另外，由于上司活动日程变更，要及时与有关方面（比如司机）联系，以保持各部门工作的协调。

当然，张茜应当采取的补救措施不止这些，但是，这些措施要求张茜一气呵成，在两三分钟内完成，因为总共剩下的时间不到半小时。如果说这次不能践约去拜访王局长，并不意味今后也不去了；说明原因，王局长不一定会计较；而对郑总来说，由于与钱总有很深的私交，这次没有接待好，在知道了事情原委之后，也许会一笑了之。张茜在分析这些问题时，实际上已经把公司的利益摆在首位。

当问题出现之后，秘书要能分析问题的本质，看到底是什么性质的问题。要能做到这一点，要求秘书经常保持"问题意识"。只有这样，不管遇到什么问题才会不慌不忙，从容应对。

（二）具备解决问题的常识和经验

把问题分析清楚了，还要具备解决问题的常识和经验。像上面这种情况，张茜还应想好孰先孰后，是先给王局长打电话还是先去见郑总？是先听取办公室主任的指示还是先处理问题，再向办公室主任汇报……哪些措施应该优先，判断的唯一标准是怎么对上司有利就怎么做。那些没有实际意义的东西暂时就不要想。

遇到问题了，就要想出解决问题的办法，因此，秘书必须具备丰富的常识和经验。只有这样，不管遇到什么问题，都能找到灵活的解决办法。

（三）能迅速采取行动

想好了办法就立即付诸实施。在这种时候，秘书一定要镇静，如果心里着急，话就不一定说得明白。对方在电话里半天没听懂你说的是怎么回事，他可能会跟你着急。这样不仅浪费时间，而且会把关系弄僵，乱上加错。

无论你把问题看得怎样透彻，无论你想出了什么高明的解决办法，如果不迅速采取行动把问题解决，问题仍然是问题。对于上司来说，他看重的是结果，所以，秘书的实际行动是最重要的。

二、理解能力与洞察能力

李建军是一家生产速冻蔬菜的民营企业的总裁秘书。快到年底了，老板一反常态，既不与财务经理讨论今年的决算，也没与销售部经理讨论明年的市场销售问题。相反，他带着研发部的经理与当地旅游局的人喝酒聊天，似乎一天到晚不务正业。这到底是为什么？李建军琢磨半天，终于明白老板看到生产速冻蔬菜难以形成新的利润增长点，因为出口欧盟和日本的速冻蔬菜的技术壁垒越来越高，所以，决定利用本公司的传统优势，开发以观光和休闲为特色的生态农业。在了解了老板的意图之后，他抓紧时间，收集生态观光农业的各种信息，特别是目前一些企业的经验及存在的问题，赶在年初董事会召开之前，把材料交给了老板。老板一看，大加赞赏，当即指示他负责这个项目的筹备工作。

作为秘书需要有这样准确的判断能力，对自己上司的工作及整个公司的情况要有全面而深刻的了解。如果你能站在上司的角度看问题，不仅能理解上司对各项工作的要求，而且能主动并提前做好相应的准备工作。当然，作为秘书不能自作主张甚至超越自己的权限。但是，作为秘书，应该对自己下一步的工作有基本的把握，对自己应该做的和能够做的工作有准确的判断。为了节省上司的时间，作为秘书应预先知道上司会把什么工作交给自己办，从而提前做好准备。

三、信息收集能力和写作能力

从上面李建军的例子可以看出，作为秘书应该有很好的理解能力与敏锐的洞察能力，但是，光有这些还不行，还要有信息收集能力和优秀的写作能力。

对于上司来说，秘书的一项主要工作就是为自己调查和收集有用而全面的决策信息，并且及时地向自己报告。因此，对于秘书来说，首先要知道"什么是信息"，只有这样才能知道哪些是上司现在需要的信息。由于情况在不断变化，信息也在不断变化，为了能给上司提供准确无误的信息，秘书应对自己收集的信息有相当的了解。

比如，李建军知道了上司准备进入生态观光农业，需要大量这方面的信息。在收集信息时，可以从网上和报纸杂志上收集，但有些信息如开发成本、投资回报率这些信息在网上找不着，只有通过朋友或熟人帮忙才能找到，所以，作为秘书必须有广泛收集信息的能力。

秘书收集到信息后要把它们写成专题报告，另外还经常要起草一些公司内外的商业文书，比如代替上司起草讲话稿，所以，写作能力对于秘书来说是不可欠缺的。比如上面那个例子，公司准备进入生态观光农业，投资要几千万元甚至上亿元，对于这么一个重大的项目，李建军不可能只向上司做口头汇报，他必须用规范的商业文书把它写出来呈交给上司。报告不仅上司会看，而且公司董事都会看，甚至还要让当地政府有关部门的领导看，所以，报告必须规范。

四、记忆力

现在经常有人把秘书称作"上司的大脑"。确实，在很多时候，上司依赖秘书的记忆力，比如日程安排、资料、会议安排、客人电话号码，都需要秘书帮他记住，随问随答。因此，记忆力好的秘书能受到上司的特别信赖。人的记忆力总是有限的，所以，秘书的记忆力再好也要养成做记录的习惯，这样不仅能将上司的指示记录下来，而且自身的记忆力也会逐渐增强。

五、交流沟通能力

当今社会已进入信息时代，网络已渗入企业工作的各个层面；不仅企业生产的自动化程度越来越高，而且企业管理的自动化程度也在不断提升。企业管理的自动化不仅没有削弱人际关系在企业管理中的作用，相反，它要求人们更加重视人际关系，因此，处于企业管理神经枢纽的秘书，协助上司与各方面交流沟通的作用就显得更加重要。一般来说，上司在公司内外都有广泛的人际关系，作为秘书必须了解上司的这些人脉关系，并在这个基础上协助上司与方方面面保持交流畅通。

六、OA 操作能力

由于科技的进步和互联网的渗透，办公自动化（Office Automation，OA）程度已经越来越高。办公自动化大大提高了工作效率，将秘书从大量重复性劳动中解脱出来。比如，过去没有计算机和复印机，上司的日程安排只要出现一点儿变化，秘书就得重新制表，再用复写纸复写，不仅工作量大，而且非常枯燥。现在有了计算机和复印机，修改日程表变得简单容易。OA对秘书来说已是不可缺少的工具，可以说它们是秘书的笔和笔记本的延伸。因此，能否有效运用办公自动化设备为上司的决策服务，反映了秘书自身工作能力的强弱。

第五节　秘书的形象要求

一、妆容的基本原则

（一）保持大众化

时装是很美的，它们是现代物质和文明进步的表现。但是，秘书不能赶时髦，不能把自己弄得珠光宝气，这是秘书工作本身的要求。在办公室，淡淡的妆容、天然的样子，更能显示秘书的气质和风格。

一个人长得美还是长得丑是相对的，客观上没有统一的标准，每个人都有自己的主观审美意识。但是，美有一条原则，就是要合乎自然，如果过分打扮，显得鹤立鸡群，反而不如大众化显得自然。

秘书大部分时间是与上司打交道的。一般来说，秘书的衣着打扮要与自己的形体、性格相称，而且要与工作环境的氛围协调。

（二）切忌标新立异

秘书在穿着方面应注意分寸，就是要求秘书不要标新立异，穿得太显眼了。秘书可以穿一些时兴的衣服，但不能显得很扎眼，让人感到与工作所需的宁静气氛不协调。

为了保持一种清新美好的形象，秘书不仅在精神上要有一股蓬勃向上的朝气，而且在衣着打扮上也要有所讲究，但是不要过于显眼。许多女秘书往往掌握不了分寸，久而久之，不是眉毛描得太浓，就是口红涂得太艳。因此，同事之间要经常互相督促，如果谁的衣服皱了或者化妆过分，就及时提醒。

二、仪表的要求

（一）服装

秘书穿什么样的衣服上班，这是一个很重要的问题，因为它不仅关系秘书的形象，也影响秘书的工作。因此，秘书在选择上班的服装时，必须考虑以下4个因素：①是否妨碍工作，如衣袖是否太长，裙子是否太短，是否太透明；②是否舒适；③是否有口袋；④是否端庄，适于接待客人。

秘书经常要抄抄写写，有些人图方便，总爱穿T恤衫上班。但是，穿T恤衫接待客人显得不够严肃。由于要接待客人，秘书最好穿着中长纤维等料子做的套装或西服裙上班。

（二）发型和装饰

除上班时的服装，在仪表方面还要注意以下几个方面。

1. 发型

秘书最好留短发，长度要在肩以上。如果留长发，上班时应将长发盘起或扎起。

2. 化妆

秘书不能素面朝天上班，但只能化淡妆，口红和指甲油的颜色不能太深。

3. 饰品

秘书最好不要戴首饰，像耳环、戒指、手镯这类东西太显眼，在接待客人时，容易分散客人的注意力，与会见客人所需的气氛不协调。比如，在给客人送茶时，手镯叮当地响，让客人感到与气氛不协调。如果要戴，选择那些不太显眼的小巧的首饰。

4. 手表

秘书工作时间性很强，手表对于秘书是必备的，但最好不要戴卡通手表，让人觉得你不稳重。当然，用手机上的时间显示也可以。

5. 鞋

上班时穿的鞋最好是中跟的，穿着舒适，行走轻便，而且颜色最好是黑色、茶色等稳重的颜色。一般人在打扮时，往往把注意力集中在上半身，特别是把注意力集中在脸上。今天该穿什么样的外套，眉毛描得如何，对于这些你可能会"精益求精"，但对于该穿什么样的鞋袜则可能显得"漫不经心"。实际上，在引起别人注意之后，别人首先是观察你的脸，紧接下来就是脚，所以，秘书不能忽视鞋袜的配套作用。如果你的妆容浓淡适宜，衣服也挺合身，但鞋袜很随便，同样会让人家感到不得体。

三、举止优雅

秘书是领导的助手，是企业形象的代言人，所以一定要注意自己给他人留下的印象。

要给别人留下美好而深刻的印象，要举止优雅得体，无论对谁都要做到公正，无论遇到什么样的状况都要冷静对待。

对于秘书来说，在工作中绝对不能出现以下几种情况。

①坐着时跷起二郎腿；

②说话时抱着胳膊；

③说话时做些摸头发等让对方觉得不专心的动作；

④用一根手指或用下巴指示人或物；

⑤有意地不回答对方问题，无视对方的存在。

四、管理情绪

（一）心情舒畅

为了提高工作效率，秘书得加快工作节奏。但是，加快工作节奏，并不一定就会提高效率，这就要求秘书在工作过程中放松。秘书在工作中一定要心平气和、从容不迫。明天有些什么事要做，这些事应该怎样做。

有些秘书看上去挺忙，走路像带着一阵风，这种人往往不会自我调节，精神上从不放松，所以他们办事，老是事倍功半，甚至没有效率。这种人不仅自己工作干不好，而且由于他们办事咋咋呼呼，极容易影响周围同事的工作情绪。在年龄偏大的上司看来，这种毛手毛脚简直是不能容忍的。

（二）释放压力

秘书必须学会自我释放工作压力，保持身心的自我平衡。秘书处于公司管理系统的中枢，事务繁重，角色复杂，工作责任重大，如果老是感到自己身体不适、提不起精神，在工作中就会很容易产生精神压力，精神压力大就容易出差错，出了差错自然会挨上司的批评。另一方面，秘书负有保守秘密的义务，如果精神压力过大，说话就容易说漏嘴，给自己惹些不必要的麻烦。因此，在工作中一旦感到了压力，就要想办法缓解自己的情绪。为了不让这种压力变为沉重的精神负担，平时应该注意释放工作压力。

最典型的工作压力是觉得自己的工作像团乱麻，永远理不出头绪来，老是无法按时按质完成上司交代的工作，有时甚至把上司的意图弄反了。为了避免这样的事情发生，最好先把工作顺序安排好，并给每项工作的时间留出一定的富余。有时上司突然来电话让秘书把文件赶紧送过去，可这文件到底放在哪个文件夹中，一时又想不起来，在找文件时会产生压力。因此，平时细心做好每一件工作，包括文件的管理和存档，也是减轻自己工作压力的好方法。

释放工作压力的最好方法是休息时集中精力做一些自己喜欢的事情，解除疲劳，将工作完全遗忘。每个秘书都应该有自己的业余爱好，比如打乒乓球、逛街、读书、听音乐会、看电影。如果你现在还没有什么业余爱好，就要努力培养自己的兴趣和爱好。

(三) 情绪管理

情绪管理是在工作期间控制好自己的情绪。作为秘书，能碰上一个自己欣赏的上司是很幸运的，但并不是每个秘书都有这种幸运。在工作中，总会遇到一两个合不来的上司。如果你讨厌自己的上司，并把这种情绪挂在脸上，那你肯定做不好自己的工作。当然，对于上司来说，如果他觉得自己的秘书对自己没什么好感，他也不会觉得愉快，所以，无论遇到什么样的上司，都要控制好情绪，以理性的态度对待自己的工作和上司。

秘书在工作中出现失误和受委屈是常有的事。当你被上司严厉批评之后，情绪低落是难免的。遇到这种情形，一定要忍耐，不要把低落的情绪表现在脸上。喜怒哀乐皆形于色的秘书会让人觉得你很幼稚，很难得到上司和同事的信赖。所以，作为秘书无论什么时候都要开朗和朝气蓬勃。

五、健康的生活方式

化妆品和服装可以使人变美，但只有自然的由内而外的美才是健康的美。为了保持健康美，秘书在日常工作和生活中应注意养成以下几种习惯。

①保持有规律的生活节奏，做到睡眠充足；
②饮食均衡；
③坚持适当的运动；
④定期做健康体检；
⑤保持良好的工作姿势；
⑥保持清洁；
⑦精神愉快；
⑧劳逸结合。

第六节　保守机密

一、保密的重要性

秘书应该严守机密。秘书的工作是为上司处理大量的日常性工作，因此能接触了解大量机密。稍有不慎，就有可能泄密。因此，关于工作方面的事，即使对自己的家人也不要多谈，这一点应该成为秘书工作的铁的纪律。

在这个竞争激烈的商业社会里，一些企业和个人会不择手段地从单位收集情报。秘书在日常工作中会经常看到、听到甚至直接参与处理各类机密，因此，他们往往是一些别有用心的人的重点"公关"对象。现在的秘书大多年轻，社会经验不足，很容易被一些人利用。所以，秘书一定要有一种职业的警惕性。在公司的所有机密里，人事问题永远是秘中之秘。

为了严守机密，秘书应有非常丰富的知识和经验，具有高度的职业敏感，在头脑中有一把尺子，随时衡量各种信息的价值以及各种利害关系。

哪些东西属于保密范畴？如企业的高层人事变动、领导人之间的关系、领导人的家庭情况、机构调整、产品成本、营销方案、新产品研发，这些信息关系企业的生存与发展，所以它们属于保密范畴很容易判断。但是，有些东西就不那么容易辨识。比如，上司在访问某用户时，就双方的合作提出了新的方式，对这种新的方式是否要保密呢？某秘书认为这种方式在报纸杂志上做过大量的介绍，没有什么保密的价值，因此，在接待另一家老客户时，无意之中把这件事说了出来。说者无意，听者有心，对方提前采取行动，占据了市场的主动，给己方带来无穷的后患。类似的情况很多。由于对象和时间的不同，同一条信息的价值也大不相同。秘书一定要把握信息价值的微妙之处，既不粗枝大叶、无所顾忌，也不风声鹤唳、草木皆兵。

秘书应该养成一些良好的职业习惯：看完资料后要把它合起来；下班要锁好抽屉，并将钥匙妥善保管；及时用碎纸机处理各种废弃资料；一些小纸条看起来不起眼，但也不要随意丢弃。现在各大企业都在大力推行办公自动化（OA），各种机密有可能在很短的时间内被盗或被销毁。

二、日常保密

对于一般秘书来说，做到防止外人窃取本公司的机密并不难，难的是要防止平时的无意识泄密，特别是一些年轻的女秘书喜欢与朋友聊天，说话时可能不太注意。秘书有时喜欢炫耀，说自己的上司昨天晚上跟某某公司的老总一起打网球，前天某老总与自己的上司一起吃饭，等等。说者无意，听者可能有心，一些人可能从跟谁打网球、跟谁吃饭这样的信息中，找到对自己有用的信息。所以，作为秘书，平时就要养成"嘴紧"的习惯。"嘴紧"往往也是秘书得到上司信任的前提。

秘书在日常工作中应注意以下几点。

①对于一些机密的事情，不管自己是否知道，当别人问起时，都要回答"不知道"。
②不管是在公共场合还是在家里，都不谈论工作上的事情。
③谈论一些机密事情时，要根据具体情况决定谈话内容的深浅。
④对于那些特别重要的文件，不仅要在保管时注意，在销毁时更要注意。

三、计算机保密

做好电子信息的保密工作是秘书面临的一个新问题。用载有机密信息的计算机上网，可能成为别人"共享"的资源；计算机"黑客"的频繁入侵，可能使你防不胜防；计算机如果被别人使用，就会无密可保；笔记本电脑一旦丢失，其中存储的大量机密信息就会泄露。因此，秘书在日常工作中应注意以下几点。

①秘书的计算机应该独自使用，打印机密材料时要人不离机，不经本人或上司批准，别人不得使用。
②凡是涉及重要机密内容的计算机，一律不得上网。
③邮箱密码的设置要绝对保密，最好是设置不易被破译的"数字＋字母"的密码。
④对输入计算机内的机密信息采取隐藏措施，不要安装借来的程序。
⑤安装防病毒反"黑客"的"防火墙"，并注意升级换代。
⑥对装有机密信息软盘的盒子或箱子采取加锁等安全措施。
⑦携带笔记本电脑外出时，务必做到包不离身。

四、保密不是封闭

作为职业秘书，必须有一种职业警惕性，但也不能草木皆兵。例如，某经销商新来的秘书向你要上司的手机号码，你就不能以"机密"为由拒绝对方。面对这种情况，现在很多年轻的秘书都以"我不知道"为借口拒绝对方，这不仅是没有礼貌的表现，也是不诚实的表现。例如，当客人起身告辞时，随便问了一句："请问你们老总住在什么地方？"对于这个问题，你该怎样回答？"对不起，事关机密，无可奉告。"如果你这样回答，从保密的角度看，的确无可非议。但是，因为像这种级别的信息是公开的秘密，对方可从许多渠道知道，所以，这种保密没有什么实际意义。

第三章　秘书必备的专业知识

秘书作为一种正式的社会职业，自然有相应的专业知识。秘书只有具备了相应的专业知识，才能真正履行自己的职责，成为上司的得力助手。

第一节　上司与秘书的工作

一、企业与上司

企业是一种以营利为目的的社会组织，每个企业在组织结构上都有纵横两条轴线，纵线是指企业的管理，从上到下，从董事长、总经理到普通员工；横线是指企业的运营，如工厂、市场部、销售部。

上司的职责主要是经营管理，为企业的长远发展提出设想，并为实现这些设想做出战略决策；在实施这些设想过程中对下级进行监督、协调和管理，对企业负责。

上司与秘书的关系是在纵线上，是一种管理关系，因此，秘书应该认清自己的位置，以一名普通员工的身份为公司高层管理人员处理一些日常工作。

二、秘书与上司的关系

秘书的工作一般是对上司负责，所以秘书应该注意了解自己的上司在企业经营结构中的位置、负责的具体工作和他的经营理念，从而确定自己如何在这个基础上积极发挥自己作为秘书的作用。秘书只有充分了解上司的业务内容、权限和责任，才能真正辅助好上司的工作，使上司的工作更加顺手。

秘书与自己的上司之间必须有一种深深的默契，只有这种默契才能在相互信赖的基础上使共同的工作相得益彰。秘书与上司之间的关系，就像一个交响乐团中的乐手与指挥的关系，乐手不是为指挥而演奏，而是按指挥的手势为观众演奏。秘书不是为上司工作，而是与上司一起共同为企业工作，只不过秘书是根据上司的指令工作。因此，尽管秘书与上司之间可能存在一些私人情谊，或者其他的恩恩怨怨，但秘书与上司之间的关系，本质上是一种工作关系，不存在任何人身依附关系。但是，在任何时候，秘书都必须牢记一切权力属于自己的上司这一铁的原则。

三、秘书的工作内容因上司而异

秘书这个职业，是因为有上司的存在才出现的。上司的业务范围和职务的高低决定了秘书的工作内容和方式。由于企业的规模和行业的不同，再加上上司职务的不同，秘书的日常工作也各不相同，因此，秘书首先一定要清楚地知道上司希望你在哪些方面协助他的工作，这样才能按上司的意图开展工作。

第二节　秘书的工作内容

一、日常工作

秘书的日常工作是指秘书每天都要做的工作，一般都是固定的模式，不需要上司的专门指示，可以自行决定或处理。由于秘书的职责是帮助上司处理日常事务，所以秘书的工作非常宽泛和琐碎。秘书的日常工作包括以下内容。

①上司办公室的整理，如文件资料的管理、打扫卫生、照明、通风、温度调节、防止噪声。

②帮上司转接电话，如传达打给上司的电话，帮上司与有关部门联系，询问有关情况。

③帮上司招待来访的客人，如给客人带路、沏茶。

④上司的日程管理，如帮上司制定日程表，日程表调整后与有关方面协调。

⑤为上司出差做准备，如帮上司借差旅费，预订飞机票或火车票，预订旅馆，准备出差文件，与出差地的接待方联系，回来后帮上司报销差旅费。

⑥帮上司起草文件和往来信函等。

⑦会务工作，如起草会议通知、落实会议地点、布置会议室、做会议记录。

⑧信息管理，如帮上司收集公司和行业内外的信息，整理资料。

⑨照顾上司的日常生活，如订汽车、午餐，提醒上司按时吃药，接待上司的私人朋友。

秘书在处理上述日常工作的同时，经常还要处理一些突发性的工作，如上司急病、员工发生事故、重要客户急病或突然死亡、媒体采访、遇到骚扰。发生突发事件时，秘书需要冷静。

繁忙的上司经常因开会、外出、出差等不在公司。当上司不在办公室的时候，秘书应利用这相对空闲的时间帮上司整理其手边不常用的文件、名片，整理文件夹、书架等。除此之外，秘书应注意以下问题。

①如果上司是出差在外地，每天应在事先约定好的时间联络。

②如遇到紧急事件，应马上与上司取得联系，请求指示。

③在处理上司交办的工作时，严格按上司的要求办。

④如果是替上司处理个人私事，要替上司严格保密。
⑤不要随便将上司的出差地点告诉外人。
⑥上司不在时，如果上司有些个人事情需要处理，应与上司的夫人商量。
⑦未经上司许可不能在文件上盖章签字。
⑧上司回来时将最紧急的文件和邮件放在"待阅文件夹"的最上面。

二、发挥主观能动性

由于秘书的工作比较琐碎和繁杂，上司不可能对秘书的每一项工作做出指示，所以，秘书应该充分发挥主观能动性，完成自己职责范围内的工作。但是，这并不等于什么事都由你一个人决定。秘书的能力表现为能判断什么事情可以由自己做主，如果是自己能做主的，就无须等上司交代而主动去做。

要充分发挥主观能动性，一定要先熟悉上司的工作习惯。有些上司十分清楚自己的工作量，他会合理地将自己认为是杂务的工作分派给秘书去做。但大多数的上司还是习惯把各种杂务揽在自己的身上，使自己苦不堪言。因此，秘书要熟悉上司的工作习惯和工作内容，知道自己能为上司做哪些杂务。

小婕是某公司财务总监的秘书。每年到 2 月底，她就发现上司特别忙碌，经常把财务部门的几位经理找来，通宵达旦地研究问题，而在平常很难出现这种情况。刚给财务总监当秘书时，小婕不知道这是为什么，只是觉得有些特别，所以她不知道自己要主动做些什么。从去年开始她才知道，作为一家上市公司，公司每年 3 月底之前要向社会公开财务决算报告。由于对外发布公司业绩报告会影响公司股票价格，事关重大，所以上司要与几位经理密切磋商。了解了这一点，今年小婕不需要上司交代，过完元旦她就将做决算报告需要的相关资料准备好了。

三、注意"越位"问题

秘书的任务是为上司创造最佳的决策环境，所以，秘书应该有主动积极的精神，尽量为上司多处理一些杂务，减轻上司的负担。但是，这种分寸不容易把握，许多秘书在工作中积极过了头，有时甚至让上司很被动。经验不足的秘书在工作中常犯这样一种错误：因为上司一向要求这么做，所以这次我也可以这么做。因此，经常不经上司确认就自作主张。虽然上司过去是这样要求的，但未必这次他也会要求你这么去做。对于那些上司有特殊要求的工作，秘书在做之前一定要请上司确认。另外，在遇到自己不明白或自己不能做决定的事情时，必须向上司请示，不能先斩后奏。

作为秘书，绝对不能干预上司的决策，更不能"越位"，自作主张。以下几种行为是典型的"越位"行为，秘书在工作中必须加以注意：

①未经授权，在各部门送上来的报告上签字盖章。
②私自代表上司与客人洽谈业务。

③随便接待或回绝没有预约的客人。

④询问会议内容。

⑤代替上司接待客人。除非上司有明确授权，否则哪怕是非常熟悉的客人来访，也绝不允许秘书私自代表上司与客人洽谈业务。

⑥随意决定上司的工作日程。即使上司工作日程表上空余的时间较多，秘书也不能按自己的想法更改上司的日程表，重新安排上司的工作日程。要更改上司的工作日程表必须先与上司商量。

四、工作出现失误之后

秘书工作千头万绪，在工作中难免会出现一些这样或那样的差错。有时在安排上司工作日程时，出现了"撞车"现象；有时给上司送的材料牛头不对马嘴；也有时对上司的提问一问三不知；等等。秘书在平时就要注意学习，精通业务，防患于未然。但是，如果差错已经不可避免，秘书应该如何处理呢？

例如，下午你在帮助上司整理文件时，上司突然问："对市场部做的这个国庆节期间的促销方案，你怎么看？"

你说："实在对不起，我对这个问题不太清楚。"

这种回答虽然诚实，也只能算是一种应付。上司征求你的意见，说明上司对你比较重视，这样回答不仅让上司失望，而且也说明作为上司的助手，你的业务水平有待提高。

出现了差错，就应当采取措施补救。第一步是要能发现差错。像上面这种情况，事后你也许会意识到对上司的回答缺乏应有的礼貌，但平时不注意钻研业务，你就无法回答这种问题。

工作中出现失误后一定要道歉，虽然一般失误不一定会造成实质性损失，但至少会给上司或同事带来麻烦，所以，工作出现失误之后一定要主动道歉。

有些秘书在工作出现失误之后，不是说"我不知道"，就是把责任往别人身上推，甚至隐瞒失误，逃避责任。如果这样，"失误"不仅不会被减少，而且会像雪球一样越滚越大，最后可能铸成大错。

工作出现失误后，将已发生的事如实告诉上司或同事，这样反而能反映你为人的诚实，上司很可能会因此而非常信赖你。如果偷偷隐瞒，不会给你带来任何好处，相反，有可能让你过后感到内疚，与其这样，不如一开始就主动认错。

第三节 秘书工作的特点

一、需要自己马上拿主意的事情多

秘书虽然是辅助上司工作,但需要当机立断的时候也很多。一般来说,秘书应事先与上司协商好处理的方式,避免"自作主张"。

10:00左右,上司正在主持一个小型会议,听取有关部门关于工厂污水处理设备运行情况的汇报。这时秘书接到上司的一个老朋友打来的电话,对方要求与上司通电话。按有关规定,原则上公司领导人在开会时不得接电话,但是,如果秘书机械地拒绝对方,则有可能铸成大错,说不定上司因为想了解某些信息早就在等对方的电话。因此,在这种情况下,秘书应该悄悄告诉上司,看他有什么吩咐。

秘书在平时就应注意熟悉上司的工作内容、社交范围等各种情况。俗话说,留心留学问。如果对上司的工作非常了解,即使遇到这种突发的情况,也能马上判断应如何应付,不至于措手不及。

二、工作的内容变化快

秘书工作的内容不仅繁杂而且变化快,需要秘书随时根据实际情况对手上工作进行调整。

如按原定的日程安排,秘书14:00应陪上司去天成公司拜访王总,落实明年销售代理问题。在13:30,天成公司王总的秘书小程来电话,说王总下午有急事要出门,希望将原定的时间改到第二天9:30。如果推到第二天9:30,原定上司第二天去省城跟大地广告公司谈广告的时间就得改期。什么时候再约大地广告公司?面对这些问题,秘书要重新与各方联系协商,及时调整上司的工作日程;调整之后,要尽快通知有关部门,如上司的司机。

三、一心几用的时候多

秘书工作不仅繁杂多变,而且常常要同时处理多项工作。某一天,秘书正准备给刚刚出差回来的上司报销差旅费,这时上司来电话让秘书赶紧给他去送一份资料;刚刚把资料找出来,前台又来电话说有一位客人找……哪些工作应该优先处理,哪些事情可以暂缓,如果秘书分不清轻重缓急,则有可能捡了芝麻丢了西瓜,把工作搞得一团糟,最后让上司失望。

四、忙闲苦乐不均

秘书经常是忙碌的,但并不总是忙碌的,如遇到上司长期出差或学习等情况,秘书就显得比较轻闲了。忙的时候相当忙,闲的时候也相当闲,这是秘书工作的另一个特征。

第四节　接受指示与执行指令

一、接受指示

正确且按时处理好上司交办的工作，这是对一个秘书的起码要求。当上司叫你时，你应马上响亮地应答"在"，因为上司往往从你回答的声音判断你的工作态度。

当你到上司那里接受指示时，一定要带上记事本，将上司的指示记录下来。秘书在接受上司指示时，必须注意力集中，并记住以下几点。

①按5W1H原则做重点记录。5W1H原则是：什么时候（When）、什么地方（Where）、是谁（Who）、结果是什么（What）、为什么（Why）、过程如何（How）。

②如果对上司的指示有不清楚的地方，不要急于发问，等上司基本说完了之后再问。遇到不清楚的地方，无论是多么细微的事项，也要提出来请上司明示。

③对于上司指示的要点，特别是一些数字，一定要重复一遍，请上司确认，因为也许你会记错或误解。此外，上司也有说错的时候。例如，上司原想指示"3点前复印5份"，不小心说成"5点前复印3份"，这时候重复一遍有利于避免错误发生。

④对于上司的指示，如果你了解一些相关的信息，或自己有什么建议和设想，应说出来给上司做参考。

⑤当上司一次交办的事情比较多时，应按照上司的指示先处理那些需要优先处理的工作，不能按自己的意愿决定工作的先后顺序。如果在接受上司的指示时，发现接受的工作与自己现有的工作在时间上存在冲突，自己无法错开，应马上说出来，请上司指示。

⑥如果上司已经指示你工作如何处理，但更上一级领导又告诉你另一种做法时，原则上你应该照上司的指示去做。不过，你必须请示更高的领导："这件事情已接到某某的指示了，请问我该怎么做？"由他判断如何处理。遇到这种情况，对方通常会说："你再与你的主管确认一下。"然后你将他的指示传达给自己的上司，以便最后确认。

⑦秘书经常会接到不是自己直接上司的领导的指示，如果事情简单，另当别论，如果执行起来要花费一定的时间和精力，就应该向自己的直接上司汇报。如果不向自己的直接上司汇报，上司又从其他的人那里听到了这件事，他可能会不高兴。

二、服从指令

上司在对秘书做指示时，有时也会出现失误。即使上司出现失误也不能当面顶撞。当面顶撞领导是职业自杀行为，因为秘书作为领导的助手，在任何情况下，都不能干预上司的决策。

上司有时可能会让秘书去帮他做些"私事"或工作以外的事。作为助手，秘书理所当然地要帮上司处理工作中的"杂事"。因为上司身负重任，往往为了工作而牺牲了私人时间，如果上司的一些"私人事务"得不到及时有效的处理，有可能影响上司的工作。因此，作为助手，为了有利于上司的工作，应把上司交代的私人事务当作分内工作处理；即使有时上司没有交办，也应尽可能地帮上司处理。但是，究竟哪些是有利于上司工作的私事，可能不是很好把握。例如，上司的老母亲从外地来探望儿子，但上司又要主持一个重要的会议，他只好让秘书代自己去火车站接母亲。遇到这种事情，有些秘书可能会很不情愿。如果这样，你就得不到上司的信赖。事实上，对于秘书来说，"分外"的工作往往意味着"额外"的机会。

第五节　请示与汇报工作

一、请示的方法

对于那些刚从事秘书工作的人来说，哪些事要向上司请示，哪些事可以自行处理，是一件很难把握的事情。如果你自行处理，上司可能会问"为什么不先请示"，如果经常去请示，他可能又说"你怎么没有一点主见，什么事都来烦我"。

到底哪些事需要向上司请示，哪些事秘书可以自行处理呢？一般来说，规定属于秘书职责范围内的日常工作，秘书可以自行处理，无须请示上司。只有遇到新情况或新问题，秘书自己不能做出判断时，才需要请示上司。但秘书的职责范围往往不是很明晰，这就给秘书造成很大的困惑。

了解上司是做好秘书工作的前提。秘书要把握好哪些事需要请示，哪些事可以自行处理，就必须了解上司的工作习惯。有经验的秘书会根据上司的工作习惯对上司的工作进行分类。有些事是上司认为很重要无须秘书过问的；有些事是上司认为很重要，但需要秘书辅助的；有些事上司根本不关心，在他看来没什么价值。对于那些上司认为很重要无须秘书过问的工作，你就不要去管它，遇到了，就要向上司请示，并且一定要按他的意思去做，坚决执行。对那些上司认为重要，但又需要秘书辅助的工作，秘书一定要请示，但你可以提供自己的建议，并积极收集信息，供他做决策时参考。只有那些上司不太关心的或他认为没有价值的小事，你才可以自行处理而不打扰上司。

由于上司的精力有限，有时也不方便做指示，所以，秘书在去请示上司之前，最好自己先打好腹稿，这样当上司面对你的请示也感到为难的时候，你可以说出自己的想法，供上司参考，而不是当甩手掌柜，把问题全部上交，让上司一个人为难。

二、汇报的方法

上司将工作交代给你之后，他对工作的进展不一定很清楚。如果不向他报告，他就不知道你是否完成了工作。所以，原则上一旦完成工作就要向他汇报。如果到被他催问"你工作进度如何"时才汇报，对于秘书来说是不称职的表现。

一般来说，口头指示就口头汇报，书面指示必须书面汇报。对于那些周期长、情况比较复杂而又比较重要的工作，不仅需要在完成之后有书面汇报，而且在中途要有不定期的口头汇报。

汇报时要记住以下几个基本要点。

①要向上司汇报什么，自己要事先想好。

②向上司汇报时要尽量减少不必要的背景介绍，按结论、经过和理由顺序汇报（也可以按结论、理由和经过顺序汇报）。

③向上司汇报工作要选择合适的时机，最好在完成某项工作之后或者在谈完其他工作时顺便汇报。如果情况不紧急，不要打断上司的工作，进行专门汇报。

④有些事确实要在上司工作进行中向其汇报，在这种情况下，上司当然希望秘书尽快把工作汇报完毕，因此，即使上司不催促，秘书也应尽快把工作汇报完，等待上司的指示。

⑤在汇报时不要过于详细，担心上司不明白，只要按上司的指示把工作完成了即可。比如上司让秘书帮助发一封信，秘书办完之后，只要对上司说句"刚才这份文件已用挂号信寄走了"就可以了。

⑥汇报比较重要的工作时，要把重点内容写下来交给上司。

下面是一个秘书完成上司交办的工作后汇报的例子："关于上海分公司召开营销工作会议的事，我在给您的报告里已简单写明了。作为重点，主要有这么两点：一是我公司的新产品展示会将在上海和杭州举行；二是商品的电视广告制作，我公司决定由天地广告公司负责，经费问题由他们先提出预算，他们已同意。关于在杭州举办新产品展示会的时间、场所、费用等具体问题，我已在报告中做了说明，请您指示。"

很多人有这样一个毛病，在向上司汇报时，喜欢把汇报内容的各种背景扯进来，而且背景又有背景，前300年后500年，以为只有这样上司才能明白自己的意思。其实，这样云山雾罩的汇报让上司反而不明白你到底要说什么，所以，几乎所有的上司都讨厌这种越扯越远的背景说明。向上司汇报的原则是言简意赅。怎样才能做到言简意赅呢？其实，坚持"5W1H"原则即可。如果让上司明白了以上几条，汇报也就可以了。假如上司要求你再把事情的来龙去脉说明一下，你可以在最后做些补充说明。

在向上司汇报之前，秘书应把能想到的问题都想到，而且越周到越好，这样在上司问到时能对答如流。给上司汇报时尽量少给上司出问答题，多出选择题。例如，上司在与客户谈判时，另一个客户来电话，要求更改合同条款，并尽快给予答复。改还是不改，如果改，怎么改。当你把这个问题汇报给上司时，就不能让上司做"我怎样答复对方"这样的问答题，这样只会让上司为难。如果你让上司做选择题"合同改还是不改"，上司很容易回答"改"或者"不改"。由于事情来得突然，上司也可能犹豫不决，有可能会征询你的看法，所以，"改还是不改"，你一定要准备好自己的建议，供上司参考。

第六节　给上司提醒与建议

一、注意提醒上司

很多领导人工作十分忙碌，再加上不会管理自己的时间，在工作中容易出现"忙乱"现象，该打的电话忘记了，客人按时到了他还在忙别的事情……因此，秘书要经常提醒上司，以保证工作效率。

提醒上司有两种方式：一种是口头提醒；另一种是书面提醒。

例如，你的上司昨天刚从成都出差回来。他在成都受到经销商王经理的热情款待，并陪他去都江堰参观游览。今天早上一上班，按惯例上司要给王经理打个电话，一是报个平安；二是道谢。可是，上司一进办公室，来汇报的人一个接一个，上司似乎把给王经理打电话的事给忘了。这时你要提醒上司："我替您给成都的王经理打电话道个谢吧！"虽说上司不一定把这事给忘了，但由于太忙，有可能会忽略掉。

又如，上司约好下午和某人见面，你在上班后最好以询问的口吻提醒上司："今天您要出去吧？"如果今天有会，就要再提醒一下："您今天要开会吧？"

书面提醒是在公司的便笺上写上上司要做的工作。例如，今天一上班你就将写有"今天10：00和天和公司的李总开会"的便笺放入上司的"待阅文件夹"，即使上司没有忘记，被提醒一下，也可以加深印象。这样他的日程表就能真正起作用了。

有时上司会觉得你这样提醒太婆婆妈妈，但这是你的职责，即使上司有这种抱怨，也不要太当回事。相反，这种认真细致的工作态度，会给上司留下很好的印象，他会更信赖你。

二、给上司提建议

（一）建议要慎重

如果你还不是经验很丰富的秘书，原则上应尽量少给上司提建议，至少提建议时要慎重。作为秘书，你的职责是为上司处理一些日常杂务，而不是参与经营决策。

在实际工作中，秘书对某些具体问题可能看得比上司还要清楚，而且也能发现不少问题，即便如此，由于秘书看问题的角度与上司不尽相同，而且很多时候不知道上司工作的重点在哪里，尽管秘书就某个具体问题提出的建议有一定的价值，但在上司看来这种建议可能无足轻重。不仅如此，一些建议还可能干扰自己的整体工作部署。因此，当秘书觉得有必要给上司提建议时，首先要考虑自己是否和上司站在同样的角度和高度看问题。如果你对上司的工作内容和思考问题的方式不是很了解，你的建议有可能只会给上司的工作添乱。

作为秘书，一定要熟悉上司的职责范围和思维方式，知道他当前工作的重心在哪里，工作的出发点是什么。只有做到这一点，才有可能抓住机会给上司提议。可以说，能给上司提供合理而及时的建议是秘书工作水平的最高表现。

作为年轻秘书，原则上不要给上司提建议。但是，并不是说作为秘书不能给上司提建议，如当上司要求你提建议或征询你的看法时，可以谈谈你的看法；又如在与上司讨论一些非经营决策性的问题时，可以提一些建议，如怎样保持健康，在什么地方开会比较合适，在什么地方请客户吃饭。

（二）建议的方式

对于秘书来说，在给上司提建议时，应尽量让上司做"选择题"，避免做"回答题"。

公司总裁秘书李建军在与大隆公司总裁秘书聊天时，得知恒盛公司老板的父亲下个星期八十大寿。如果李建军这么向自己的老总提建议："听大隆公司的人说，恒盛公司老板的父亲下个星期八十大寿。我们是否要准备点贺礼？"对于老总来说，李建军这种建议没有任何意义，因为恒盛公司是本公司最大的客户，老总得知这个信息之后不可能不去祝寿，既然要去祝寿，自然要准备寿礼，所以，李建军一开始就应该知道，即使自己不问，老总也肯定是"要送"。在这种情况下，李建军应该直接提出具体建议，如他可以这么说："我听恒盛总裁办小谢说，老爷子喜欢书法，我们给他送一套文房四宝，您看如何？"只提建议，决定权还是交给上司。也就是说，在这种场合，只让上司做"行"或"不行"的选择就行了。如果你是一个经验丰富的秘书，你提出的建议上司多半会说"行"。如果上司对你说"这事你就看着办吧"，说明上司基本信赖你了。

（三）提建议时应注意的问题

1. 说话尽量婉转

一般来说，秘书给上司提建议是为了辅助上司的工作，尽秘书的责任。但上司毕竟是上司，地位远远高于秘书。作为接受方，尽管上司的理智告诉他你的建议是合理的，但在感情上他还需要有一个接受的过程。所以，一些上司对秘书的建议会出于本能反驳几句。秘书给上司提建议时必须注意自己的措辞和说话的分寸。例如，当上司忘记与自己的某位朋友见面时，你用一种貌似很随意的口气说："您好像有个约会吧！"给上司提个醒。又如，由于上司的误会，活动日程出现了"撞车"，这个时候你先铺垫一句"也许是我记错了"，之后让上司确认到底优先预约哪位客人。

特别是提一些原则性或决策性的建议之前，秘书一定要做些铺垫，不能开门见山。先以"不好意思"之类的客气话作铺垫，营造一个平和的气氛，不能提出直接的批评。如"也可能是我多嘴，有几句话我还是……"，之后再进入正题。说完之后，一般要再加这么一两句："关于某某问题，我是这么看的，不知对不对。"由于你采用的是间接的询问式，即使上司不接受，也不会当场拒绝。

2. 切忌命令式

秘书给上司提建议时一定要避免用命令的语气说话。给上司提建议，不能用"……是不允许的"这种否定式的语气，这种方式最容易引起上司的反感。在实际工作中，一些秘书给上司提建议时总是采用指示方式，例如，当他觉得上司的健康状况不太好时，就说"您最好去看看医生"。虽然这是好意，但作为秘书你不能给上司做指示，告诉他如何去做。又如在吃饭的时候，上司将医生要他控制食盐摄入量的劝告置之脑后，你也不能这样对上司说："医生让您要少吃盐分高的食物。"

3. 确认事实

给上司提建议之前一定要确认自己说的是不是事实，如果没有客观依据，建议不仅没效果，反而会无事生非，结果非常恶劣。所以，秘书一定不要随便给上司提建议。如果一定要提建议，必须首先确认事实。

4. 考虑结果

在你提出建议之前，应预测一下建议之后的结果。如果你觉得上司可能一下难以接受甚至会强烈反驳，就要考虑是不是另找机会甚至放弃给上司提建议。

5. 选择时机

一般来说，给上司提建议时最好没有第三人在场。如果有很多人在场，会严重伤害他的自尊心。

6. 提建议之后要注意的问题

秘书给上司提完建议之后，不要总是说自己在事前已经提醒过他，给上司一种你有先见之明的优越感印象。如果上司没有接受你的建议，就不要再说什么。不要对同一个问题反复建议，也不要问上司受你的建议后产生了什么效果；即使你认为自己的建议很有价值，但建议毕竟只是个建议，不能为了让上司接受它而感情用事，更不能对上司穷追不舍。

7. 当上司出现明显失误时

上司也会出现一些常人犯的过错。当你完全确认上司工作出现失误时，也要请上司对自己的指令再次确认，不能自作主张地不予执行或当场顶撞。对于上司工作中的失误，你要以合理的方式提出，千万不能让上司自尊心受损。

第七节　提高工作质量与效率

一、质量意识

很多秘书工作非常主动，来客人时，会迅速泡茶；其他部门的人让他复印文件，他会立刻帮忙复印。但是，给客人端茶时，不是泡的茶太烫，就是把茶洒到地上；复印时也是一样，要么是文件的边上没印到，或者上下不对称，要么就是页码混乱。

秘书工作应当积极主动，但只有积极性还不够，还必须有质量意识，即保证自己做的每一项工作都符合规范。有些秘书觉得对于泡茶、复印这种小事没有必要精益求精，茶水温度是80℃还是90℃并不影响客人的情绪或态度。但是，这种水温差异可以反映你的工作态度。如果你对自己的工作没有质量意识，你的上司和同事会通过这些细微差别，逐渐降低对你工作态度和能力的评价。

二、制订工作计划

秘书工作的范围不仅很宽，而且工作内容变化快，所以秘书工作显得很繁杂。工作繁杂就容易带来混乱，影响效率，因此，秘书一定要注意工作的计划性，以保证效率和质量。公司领导人对秘书的工作要求比对一般工作人员高，不允许秘书在工作上反反复复或丢三落四，这样既浪费时间，又影响工作效率。现在有些秘书总是觉得自己很忙，时间不够用，但忙了一天，却不知道自己忙了什么，这是做事没有计划性的典型表现。

作为秘书应该如何提高自己工作的计划性呢？秘书一定要学会做工作计划。制订工作计划，也就是考虑自己应做什么、什么时候做完、用什么方法做、需要具备的条件和完成的步骤这几个问题。因此，秘书每天上班后应把当天要做的事写下来，按照轻重缓急把要做的工作排序。如果上司临时交办工作或遇到突发事件，再把它们插进去处理，对计划做适当的调整。对于秘书来说，做好工作计划有两个前提：一是日常工作尽量程序化；二是能分清工作的轻重缓急。

对于自己的一些中长期计划，要养成检查落实的习惯。每过一段时间最好检查一下自己的工作：当初的目标是否实现；实现目标的手段或方法是否正确，是否还有要改进的地方；如果目标没有实现，是客观原因还是自身努力不够；提高工作效率，还需要做哪些方面的改进；等等。通过这种检查，你会发现当初制订计划时不完善的地方和自己在实施过程中出现的问题。无论是完成还是未完成，都要分析具体原因，改进和提高自己的工作。

三、工作程序化

秘书的职责是处理上司工作中的各种杂务事，所以秘书的工作是琐碎而又忙碌的。如果秘书没有丰富的实践经验,很难做好秘书工作。例如,收集信息,如果只靠自己是"某某的秘书"这块招牌,很难从别人那里得到真正有价值的信息。但是,这并不是说秘书全靠经验办事。秘书部门会定期进行人事调整,如果秘书仅凭经验办事,一旦老秘书升迁或调到别的部门,新秘书就不能很快接替工作,因此,秘书在平时的工作中一定要注意工作程序化,如制定部门的业务流程和规章制度,把处理一些日常工作的方法和步骤写成书面文字,这样不仅可以随时补充和完善,而且即使自己工作调动,将来接替自己工作的人也能很快开展工作。将秘书工作程序化,不仅能降低劳动强度,而且可以提高工作效率。

在将工作程序化的过程中,一定要注意与上司及时沟通。例如,秘书每天都要替上司接收很多邮件。一般来说,信封上写有"亲启"字样的,秘书应交给上司亲自启封,因为这大多是私人信件。但是,现在有很多广告信函也写"亲启",这让一些领导不胜其烦,于是有的领导就要求秘书对所有信件都启封。这时,秘书就要与上司沟通,进行约定:今后收到上司"亲启"的信后,秘书可自行启封,即使错拆了一两封上司的私人信件,上司也不会有什么想法。

不仅是邮件启封,其他日常工作的处理方式也最好与上司商定下来。通过与上司的交流沟通,秘书可以逐渐了解上司的喜好与工作习惯,在工作中就能充分发挥自己的主观能动性,逐渐将工作程序化。

给日常工作制造一个专门的流程就是标准化,它能节约时间,大大提高工作效率。例如,每天下班之前的工作可以这样标准化。

①查看明天的工作日程表,考虑第二天各项工作的顺序;
②收拾自己和上司的办公室;
③检查抽屉和保险柜是否锁好;
④检查要发的邮件是否已寄走;
⑤关闭计算机等其他办公设备;
⑥检查一下上司是否遗忘东西;
⑦关门上锁。

如果每天下班时都按这个程序检查一遍,你就没必要担心会忘记什么了。

四、分清工作的轻重缓急

工作多时,要决定哪些工作优先处理,即决定工作的先后次序。如果把工作顺序弄反了,没有及时处理那些重要的工作,就可能造成混乱。决定工作优先次序的标准是什么?标准就是上司的意思、工作的重要性和对完成时间的要求。因此,在确定优先顺序时要把这三个因素综合起来考虑。如果你自己难以判断,就要请上司确认。

秘书工作的一大特点是并行的工作多,要一心多用。面对几项要同时处理的工作,哪项工作应该优先处理呢?这就要求秘书必须具备随机应变的能力,能分清轻重缓急,在合适的时间做合适的事。

秘书的工作基本上可以分为三类：第一类是N——Now，即现在必须马上处理的工作；第二类是T——Today，即今天要完成的工作；第三类是L——Later，即明天完成也可以的工作。这种日常工作分类法又叫NTL分类法。哪些工作放在哪一类，秘书自己心中应该有数。上司交办的工作，在进行分类时就需要多想想，如果把握不了，在接受上司工作指示时，就要顺便问清楚上司希望在什么时候完成。

小婕是某集团公司新来的秘书，一天早上，一进办公室，办公室主任就让她整理一份材料，第二天下班之前交给他，说下个星期开会要用。她估摸了一下，差不多3万字，有20多页。刚从办公室主任的办公室出来，还没来得及坐下，周总就来电话，说下午2点他要与财务总监、市场总监和销售总监一起商量工作，让她通知他们几个。刚放下电话，机要室就送来一份传真，是一个代理商发来的，说他们的一位副总过几天要来办事，请接待一下。她刚看完传真，主任又来电话，说电视台邀请田副总作为《一周财经观察》节目的嘉宾，由于时间关系他不去了，让她打个电话通知对方。她刚喘口气，人力资源部的人又过来通知她，让她填写参加存档新方法讲座的报名表，第二天下班之前为报名的最后期限。

一上班就遇到这么多事，应该如何处理呢？首先应该分清这些工作的轻重缓急，根据轻重缓急安排它们的顺序，制订工作计划。

如果采用NTL分类法，小婕这天早晨的几项工作应该这么划分：给主任写报告是T类工作，通知几位总监开会是N类工作，把传真交给具体经办人是T类工作，给电视台打电话是L类工作，参加档案培训也是L类工作。分清了轻重缓急，小婕就可以按如下步骤工作了：首先到行政部门预订4人开会用的小会议室，之后与3位总监联系；周总下午开会的事落实好之后，去办公室主任的办公室，将传真交给主任过目，听取主任对这份传真的指示，然后马上把它转给具体的经办人；把传真的事办妥了，就赶紧给主任写报告，争取在下班之前把报告写出来；至于档案培训报名和给电视台打电话的事不急，记在本子上，第二天有空时再去办。

五、合理利用空余时间

忙闲不一也是秘书工作的一大特点，秘书要学会有效利用空余时间，提高自己的工作效率。当上司出差或学习的时间比较长时，秘书应利用这段时间做好以下工作。

①整理文件夹；
②整理书架；
③清洁和整理办公室；
④整理名片和文件；
⑤收集资料，剪辑保存；
⑥整理和编写业务操作手册。

六、工作创新

(一) 不安于现状

中国有句话叫作"物极必反",就是说任何事物都有一个极限,超过了这个极限,事物就会发生本质变化,走向自己的反面。秘书工作也是这样。如果工作太熟练,反而有可能影响工作质量的提高,因为一个人刚从事秘书工作时,都会刻苦学习、勤奋工作,但达到一定水平之后,一些人会滋生一种惰性,满足于已有的经验,不去想新办法提高自己工作的效率和质量。

不止在秘书工作中,在一般工作中,这种惰性都是非常危险的,容易断送自己的前途。因此,为了追求更高的效率,无论是处理日常性工作,还是应付一些偶然事件,都应多问问自己:"事情为什么会这样?""用这种方法处理就一定完善吗?"不仅如此,还要有一些创造性想法:"如果换一种方法处理,事情的结果会怎么样呢?""除了这种方法,就没有其他更好的处理方法了吗?"对于秘书来说,如果对一些偶然性事件多加留意,能从中悟出一些必然性的东西。

(二) 在创造中提高

秘书主要是为上司安排工作日程、收集信息、接待客人,不折不扣地执行上司的各种业务指令,因此,在一些秘书看来,秘书工作很难与"创造"一词联系在一起。的确,秘书工作带有很大的被动性和繁杂性。在很多时候,秘书对那些千头万绪的琐碎工作都应付不过来,还要创造性地工作,谈何容易。但是,事实上,秘书创造性地工作是非常有必要的,因为只有创造性地工作,业务水平才能提高,才能为上司节省更多的时间、收集更多的信息、提出更多的合理化建议;反之,如果秘书总是按部就班,不求创新,就如同逆水行舟,不进则退,离上司的要求越来越远。

秘书怎样才能创造性地工作呢?秘书工作没有什么特殊的地方,和其他工作一样,只要明白了自己工作的目的,在工作过程中不停地解各种"一元一次方程",不断问自己:"除了用这种方法处理,就没有其他更好的方法了吗?"功夫不负有心人,创造性会自然而然在求解的过程中显。例如,秘书经常协助上司处理各种文件,在看各个部门送上来的请示报告或汇报材料时,就要琢磨,这些报告的内容是否应更充实一些,如何写得更简便一些。

(三) 及时建议

日积月累,秘书往往会对某些问题产生独到的见解。因此,秘书要及时向上司或有关职能部门提出建议。平时秘书就要注意搞好与包括上司在内的各个方面的关系,得到他们的信任,一方面是为了掌握更多的信息;另一方面是为了使自己的建议能为各方面所接受,产生积极的作用。不积涓涓细流,无以成江海。秘书只有像海绵吸水一样不断积累各种知识和信息,才能提出自己独到的见解,进行创造性的工作。

第八节　养成良好的职业习惯

职业习惯是工作中的一些无意识行为。无论好的工作习惯还是坏的工作习惯，它都会给你的职业发展带来深刻的影响。因此，秘书应当有意识地培养一些良好的工作习惯，在自觉的状态下工作，从而事半功倍。

一、换位思考

"换位思考"是在沟通过程中站在对方的立场上考虑问题，了解对方的感受和要求。要做好秘书工作，就必须养成换位思考的习惯。

换位思考，不仅是一种沟通技巧，也是良好素质的表现。在交流沟通中，首先要尊重对方，只有站在平等的立场上，才能设身处地地了解对方的实际情况，才能让对方感受到你的尊重。如果对方认为你尊重他，他也会尊重你，会不自觉地站在你的角度看问题，这样，他就有可能在不知不觉中改变自己的立场，变得通情达理。如果缺少换位思考，你的目的仅仅是说服对方，让对方按你的意思办，一开始就变得"居高临下"，不听对方说什么，这种优越感在对方看来就是对他的不尊重，是一种"强词夺理"的表现。因此，不管你说得是否有道理，他都不会跟你讲道理，也不愿意跟你讲道理，于是，除了相互抱怨，沟通再也进行不下去。

秘书要养成换位思考的习惯，首先要拆除自己心中的那道以自我为中心的篱笆。如果你习惯以自我为中心，遇事只会考虑自己的感受和自己的利益，这样，它会阻碍你了解对方的感受和需求。缺乏换位思考的习惯，不仅让你难以有效沟通，而且会因为沟通困难，使你的人际关系越来越糟。

二、勤做笔记

秘书一定要养成做笔记的习惯，特别是记录上司指示的习惯。"好记性不如烂笔头"。秘书工作的内容变化快、突发性事件多、一心几用的时候多，所以平时的工作显得很杂乱，一杂乱就容易丢三落四，影响上司的工作。做笔记具有核对的功能，特别是当上司指示完后，你可以参考记录，重复他指示的要点，核对你听到的与他的指示有无出入。在执行上司指示的过程中，你可以根据记录检查自己的工作是否正确。有了原始记录，可以避免"你没有听清楚"之类的纠纷。将事情记在本子上，增加一次重复的过程，让自己记得更深刻。一旦养成做笔记的职业习惯，你就能做到在工作中井然有序。秘书常用的有三种笔记。

（一）自己用的笔记

自己用的笔记记录上司的指示、命令，起备忘录作用。这种笔记只是给自己看的，可以灵活使用记号、简略符号等，以便提高记录效率，做到简洁和快速。有些人会过于专注笔记，而不集中精力听对方讲话，本末倒置。

（二）联络用的笔记

与自己用的笔记不同，这种笔记是给别人看的。最常见的是上司不在时，记录来客来电的留言。这种笔记要做到简单明了，确保对方容易理解，并且不能加进主观因素。为了保证这种笔记的完整与准确，秘书最好使用专门的留言条。

（三）口述笔记

口述笔记主要用来记录上司重要的口头指示。做"口述笔记"时应注意如下几点：准确记下要点；不要照搬口头用语，应将它们概括成书面语言；要将日期、时间、地点、数量等准确清楚地记下来；根据需要可做些省略和简化。

秘书最好养成在每天下班前5分钟检查当天做的笔记的习惯。笔记的是备忘录，对当天已完成的工作做上记号，没有完成的工作也打上记号，让自己心中有数。

做日常记录不需要什么技巧，只要养成习惯就能做好。做记录时，应在每页笔记的右侧留出三分之一或四分之一的空白，用于事后拾遗补阙，写上自己的心得体会或其他注意事项。秘书要养成随身携带笔记本和笔的习惯，只要发现有价值的东西，就随时记下来。

要做好记录，就应提高书写速度。书写速度太慢，就有可能跟不上讲话进度，影响笔记质量。由于记录仅仅是给自己看的，不必将每个字都写得横平竖直、工工整整，字迹潦草一点没关系。你可以简化某些字和词，但也不能太潦草和太简化，以致连自己都看不懂。做记录本身不是目的，不能为了记录而把与对方的交流给忽略了。

三、坚持写日记

秘书应当养成写日记的习惯。坚持写日记，是提高自己写作能力的捷径。写日记不是记流水账，是有感而录，是有选择的，这样在考虑写什么时，就锻炼了立意、选材的能力；在考虑如何表达时，就锻炼了选裁、布局、遣词造句的能力。熟能生巧，如果持之以恒，写作能力自然而然就会得到提高。

秘书的日记也可以说是一份备忘录，一旦需要回顾工作中的某件事，可以从日记中找到相应的记录。日记还是积累文书写作的资料仓库，把日常工作中的一些所思所悟或经验教训记录下来，久而久之，它们就会成为你写作的"资料室"。当你需要起草文件时，所需要的素材和观点就会喷涌而出，使报告言之有物，文采飞扬，不再需要苦思冥想，搜肠刮肚。写日记还可以提高观察问题和分析问题的能力。在写日记的过程中，你需要对自己工作中的一切事情进行细致的观察，并分析它背后的成因；久而久之，你观察和分析问题的能力就得到了提高。

写日记不仅能提高写作能力，而且对素质的提升也大有好处。孔子说："吾日三省吾身。"写日记是一种既便捷又有效的"反省"方式。在写日记时，你会回顾和检查自己当天的工作过程。通过反省自己每日的所作所为，能找出自己的不足。是什么原因造成了这种差距？通过反省，不仅能找出原因，而且还能找到弥补差距的方法。持之以恒，自然就能加速进步。

一些秘书一开始对写日记有很高的兴趣，但随着时间的推移，觉得自己的工作越来越琐碎，日子越来越平淡无奇，写来写去就是那么多东西，没什么可写了，最后就偃旗息鼓。其实，这是对自己工作的意义还缺乏了解的表现。例如，上司让你去协调一下市场部与销售部就召开用户大会产生的矛盾，这件事究竟有什么意义？你用什么方式把这件事做得更完美？……当上司把这件事交给你办时，你要想到这些问题，这样，在写日记的时候就不会觉得自己是在做无用功。

写日记是有感而写，无事少写，想写什么就写什么，不一定要写多长，也不一定是一篇完整的文章，可以数十字，也可以是几百上千字。事实上，随着工作感悟的增加，想写的东西会越来越多，最后不是无事可写，而是只能挑重要的写。

日记上要注明时间。记日记是为了日后查看方便，所以一定要写上日期。必要的话，还应记上当时的天气状况和写日记的地点。

四、说话"铺垫"

很多年轻的秘书刚开始工作时很有激情，在工作中有很多想法，可是当他们说出自己的想法后，往往得不到上司或同事们的理解，久而久之，他们的激情消失了，变得心灰意冷。之所以会出现这种情况，在很大程度上是由于他们表达自己想法时过于直截了当，过于强调"我的意见"或"我的看法"，让同事觉得这个人不谦虚。因此，他们在评价你的意见之前，就已经对你很反感了，即使他们心里承认你说得有道理，也不会公开表示赞成。如果你在陈述自己的观点之前，先说几句铺垫语，改变一下气氛，效果就会不一样。

所谓"铺垫语"，就是在谈话进入正题之前，寒暄几句，如称赞对方的裙子漂亮，夸奖对方上个月的业绩不错。这么说，对方的心理就放松了，就能心平气和地与你"讨论"问题。"铺垫"起一种缓冲作用，能表达自己的诚意，消除对方的心理戒备。职场人际关系微妙，很多人都有一种自我保护的本能。当你准备与他人沟通时，对方首先关心的不是你沟通的内容，而是你与他沟通的目的。如果他认为你"来者不善"，就没有兴趣与你沟通，要么言不由衷，跟你打哈哈；要么跟你玩深沉，一言不发。为了提高自己沟通的效率，秘书要养成说话之前先"铺垫"的习惯。

秘书与人沟通不单纯是为了表达自己的思想或情感，主要是为了实现自己的工作目标，达到预想的效果。为了达到预期的效果，必须注意说话的方式，特别是提意见的方法。如果你提意见的方法不正确，即使意见的内容正确，也是"正确的错误"。对于秘书来说，用什么方式说话，永远比说些什么更重要。

五、学会倾听

秘书一定要养成"倾听"的习惯。在听别人说话时，特别是在接受上司指示的时候，一定要让对方把话全部说完。即使与一般同事谈话，如果你总是中途插话，对方也会反感，这与你讨厌别人打断你说话是一个道理。让对方先说完，不仅能完整地了解对方的意思，减少自己的冒失，而且是对对方的尊重，是有素质的表现。

在"听"的时候，应小声附和对方。当对方说到关键的地方或者快要说完的时候，应当点点头或者小声附和，表示同意对方的说法；如果在对方说话时，你毫无表情、无动于衷，或者显得非常紧张，一动也不敢动，对方就不明白你是否听懂了他的意思，所以，当对方说话时，无论如何要有所回应，让对方明白你已听懂了他的意思。

六、不耻下问

秘书必须养成"不懂就问"的职业习惯。作为单位内外的信息交流的枢纽，秘书每天都要与公司内外各式各样的人物打交道，所以，秘书一定要增长见识。为了使自己增长见识，除了多看多读书之外，就必须虚心向其他同事学习，不懂就问。其实，对于一些老同事来说，你不懂就问，他不仅不会厌烦，反而有可能被你的真诚感动；如果你在他的帮助下能力得到提高，他也会有一种成就感。

秘书要想让其他同事不厌其烦地帮助自己，就得像尊重上司一样尊重他们。秘书成长所需要的知识，许多在学校里是学不到的，只能靠经验丰富的老同事言传身教。为什么他们考虑问题的方法与自己当初所想的不同？为什么他们要这么处理问题？……经常向他们请教是提高自己能力的捷径，特别是他们在一些细微处给你的提醒或批评，一定要真诚地接受。

七、起草方案

秘书在工作中遇到新问题或特殊情况，需要向领导请示，这是很正常的。但是，是不是一遇到问题或困难，就把问题上交给领导，自己做甩手掌柜呢？领导是最后的决策者，有责任解答秘书工作中遇到的疑问，但是，领导也不是百事通，什么问题都能解决。领导的精力和注意力都有限，有些问题尽管知道如何处理，但当时的具体环境让他无法回答你。因此，秘书一定要养成遇事先做方案的职业习惯，即使领导没有采纳你的方案，也有了考虑问题的基础。

秘书在工作中遇到问题，应自己动脑筋琢磨，先做个方案，之后再向上司请示如何解决；如果上司给了明确指示，那就对照上司的指示，找出自己方案的差距，这样你就能像上司一样分析问题和解决问题了；如果上司为难，一时也拿不定主意，反过来征求你的意见，那你就把自己做的方案说出来。不管上司赞不赞成你的意见，他都会欣赏这种主动的精神，而你通过这种主动积极的工作，会让自己进步得更快。

当你把问题汇报给上司，上司反过来征求你的看法时，如果你毫无思想准备，张口结舌，上司又会怎么看你呢？秘书不能把自己当成算盘上的珠子，上司拨一下才动一下。在工作中一定要充分发挥自己的主观能动性，自己找事做，自己想问题。主观能动性是强烈进取心的反映，如果你没有进取心，不注意自我提升，那你的能力就只能是原地踏步。

八、日事日毕

秘书应当养成日事日毕的职业习惯。由于上司工作忙碌，他不可能对秘书的每一项工作都做指示，所以一些秘书工作量不是很饱满，时间比较宽裕，这样就容易养成拖延的习惯，本应上午完成的工作，觉得下午有时间，于是就拖到了下午；本应当天完成的工作拖到了第二天……但是，秘书工作突发性事件多，闲的时候虽然很闲，忙的时候却非常忙。如果养成了拖延的习惯，不在比较空闲的时候把工作做完，一旦忙起来，就有可能一步被动步步被动，最后难以保证工作质量。时间就是效率，时间就是金钱！如果让拖延变成了习惯，你的许多机会就会悄无声息地溜走。

日事日毕就是当天的工作当天完成。秘书最好在每天下班前的 10 分钟，首先回顾自己当天各项工作的完成情况，如招待客人、起草文件，看看自己做得是否符合规范，有没有提高质量的可能；然后，再考虑一下第二天的工作，把第二天必须完成的工作填入第二天的日程表，尽量详细，防止疏漏；最后整理办公桌，下班前将办公桌整理干净，才算真正结束一天的工作。做到日事日毕并不难，关键是能否坚持，养成习惯。只要坚持，日事日毕的效果就会自然地显示出来。一旦尝到了日事日毕的甜头，你就会由最初被动的日事日毕，变成主动的日事日毕。

养成了日事日毕的习惯之后，只要一接到任务，就会马上工作，一分钟也不会拖延。有些工作做起来可能有难度，可拖到第二天也一样有难度。第二天的时间是有些宽裕，但第二天又有新的工作，所以，不能一有困难就把它推到第二天。今天的工作今天完成，明天就会有更多的主动。

第四章　秘书必备的常识

第一节　社会常识

一、社会常识的基本内容

所谓常识，就是指"基本知识"。社会常识是泛指我们在日常工作和生活中所需的各种常识的总和。作为单位内外一个信息交流枢纽，秘书每天都要与公司内外各式各样的人打交道，所以，秘书不一定要具有某一方面的专长，但一定要见多识广。一个优秀的秘书往往是一个常识家，因为常识就是直觉的邻居。

二、丰富社会常识的意义

作为秘书，与客人交谈是一项很重要的日常工作。当你与客人交谈时，你不仅要能听懂客人说话的内容，而且还要能根据客人的兴趣，进行深入的交流，不能只会说"真的吗"或者"是的"这几句话。如果你总是说这几句话，那就会让客人感到兴趣索然。

客人按预约的时间来访，可上司一时还离不开，要么是与前面的客人还没谈完，要么是在打一个长途电话，需要让客人等一会儿。在这个时候，你就得替上司招待客人。在客人等待的时候，让客人坐在那里干等是很不礼貌的。如果有几位客人，他们自己可能会聊点什么；如果只有一位客人的话，让他干等，那他就会越等越急躁。因此，你在这个时候应该主动跟客人聊天。在这种情况下，客人一般会主动提一些话题，这时，你应根据客人提出的话题与他进行交谈。如果能与客人进行这种交谈，客人不仅不会急躁，而且会对你本人产生一种信任感。又如，你陪上司外出办事，上司年纪大了，突然心脏病发作，在这种紧急情况下，你应该掏出手机凭直觉就拨 120 电话。如果你把急救电话号码忘了，还要问旁边的人，或者查效率手册，就会浪费宝贵的抢救时间；就是浪费几秒钟，上司都可能出现生命危险。

当然，在秘书的日常工作中，像这种危险的突发性事件很少出现，但是，有大量的特殊情况需要秘书凭直觉来处理。例如，上午 11 点钟，上司正在会见客人，一个客户的秘书打电话说，原定于下午两点她的上司来本公司会谈，由于种种原因，他们脱不开身，希望你到他们公司去谈；下午能不能过去，请马上答复他们。在这种情况下，就要求秘书在向上司汇报之前，凭直觉拿出自己的答案（下午去还是不去），因为给上司考虑的时间也不多，而且在这种情况下去请示上司，上司可能一时间转不过弯来，也会感到左右为难。要在很短的时间内做出判断，只能凭直觉了。

秘书在工作中常常要凭直觉办事，可秘书的直觉从哪里来？当然，首先是要有丰富的经验，再一点，那就是丰富的常识。因此，作为秘书，必须具备丰富的知识，特别是要具备丰富的社会常识，这类常识包括身材比较丰满最好注意少穿颜色较浅的衣服，患有糖尿病的人注意少喝酒，出现火情马上打119报警，等等。如果秘书平时对上司工作的职责、负责的范围、思考问题的方法和为人处世的态度等都比较了解，那就能很快做出判断，向上司提出自己的建议。没有丰富的常识和经验作储备，你就产生不了正确的直觉，一遇到特殊的情况，你就只能把矛盾上交，让上司一个人去为难。

秘书都具有渊博的常识，也是我们这个文明时代最富有教养的人。一个优秀的秘书往往同时是我们这个社会的佼佼者。

三、丰富社会常识的途径

（一）向老同事请教

秘书的工作具体而繁杂，从待人接物到给领导安排工作日程，如何做到恰到好处，很大程度上取决于秘书的经验；而这种经验又很难从教科书上得到，因此，向老同事请教是条一捷径。

秘书的工作不仅面宽，而且接触的人多，从各科室到公司领导，从公司内部到外来客人，因此，这也就给年轻的秘书积累经验创造了条件。在日常工作中，只要做一个有心人，学会观察周围的事，就会有收获。

（二）加强学习

现在有些年轻的秘书认为，现在是网络时代了，无论什么样的知识都随时可以从网上找到，所以，秘书不再需要像过去那样埋头读书了，即使"才高八斗，学富五车"也没什么实际意义，因此，秘书的学习方式应该彻底改变，将过去的"预学式"转变为"即学式"。所谓"预学式"，就是预先毫无目的地背诵海量信息的学习方式，而"即学式"就是目的明确地学习，先知道要学什么，然后根据目的到网上去寻找答案。的确，互联网正在悄悄地而又深刻地改变着秘书工作。由于互联网是一个知识的海洋，而且可以随时利用，因此，对于秘书来说，确实不再需要死记硬背那么多记忆性的知识，但是，"即学式"也不能完全代替"预学式"，因为如果你在网上查自己一无所知的东西，往往是事倍功半，而你查自己很熟悉的东西时往往会事半功倍；另外，秘书工作的特点也决定了秘书需要具备丰富的而且是实用性的常识，因此，秘书仍然需要刻苦学习，使自己具备丰富的常识。

(三) 注意积累

秘书的知识和经验，不能靠突击和死记硬背，只有靠平时的积累。如你坐在出租车里，就应该留心哪个路口容易堵车，什么时候容易堵车，这样，在工作中就能做到心里有数。要想成为一个优秀的职业秘书，没有什么诀窍，也没有什么捷径，除了向别人请教，就是自己多留心、多积累，积累多了，悟性也就高了。

要想成为一个优秀的秘书，必须具备良好的自我学习和积累的能力。留心皆学问，就是要平时多留心。留心是什么意思？留心就是眼勤、耳勤和嘴勤，也就是多看、多听、多问，最后多想。

给上司安排日程是秘书的一项很重要的工作。上司乘车外出办事，如果秘书不熟悉交通情况，不知道什么地方容易堵车，不知道什么时候是车辆高峰期，不知道哪个地方是单行线，就不能准确计算出上司在路上所花的时间；你安排上司在路上的时间多了，是浪费上司的时间；如果你安排的时间不够，那就有可能因堵车而误事。但是，几乎所有大城市的交通情况都非常复杂，谁也不可能一下子把它们全部都弄清楚，所以，秘书只有靠平时的积累。比如，你平时坐车外出办事时，就应该留心哪个路口容易堵车，什么时候容易堵车，这样，在工作中就能做到心里有数。

(四) 不懂就问

我们在很小的时候，只要遇到不懂的地方就会马上问长辈或老师："天上为什么有那么多星星？""飞机为什么会飞得那么高？"……随着年龄的增长，我们的虚荣心也在慢慢地增长，如果让别人知道自己有不懂的东西，会觉得很没面子，所以当我们遇到不懂的东西时就不再像小时候那样虚心请教了。但是，对于秘书来说，必须保持"不懂就问"的精神，因为这是秘书工作的性质决定的。其实，不懂就问，往往不仅不会让对方扫兴，反而有可能使对方被你的真诚所感动，更加热情。

作为秘书，张茜需要经常陪同上司外出办事。在外出办事途中，她经常要与上司交流。一开始，两人自然会谈一些工作上的事情，接着就是闲聊，活跃气氛，不然就太枯燥乏味了。有几次两人都找了各种话题来谈，但是由于双方在阅历、学识、兴趣等方面存在着差异，经常是聊不上几句就到此为止，反而使气氛更加郁闷。

怎么解决这个问题？张茜想起了"不懂就问"这句古训。这天，张茜又陪老总到郊区的车间去检查工作。在途中，当上司说起他最近认识的一位客户时眉飞色舞，原来他俩都是桥牌高手，最近搭档打了好几个大满贯。张茜对这个客户还不太熟，更不知道大满贯是什么意思。要是在往常，她一开始还会装作有兴趣，不时搭上一两句说"噢……"或者"真的？"由于老是这么几句，要不了多久，老总也会觉得兴趣索然，闲聊到此为止。

今天，当张茜听到上司说到自己叫到"7无将"时，她很认真地问："老板，不好意思，我想问一下7无将是什么意思？"听张茜这么一问，老总有些意外，但是，他马上又被张茜这种难得的直率而感动，他就说得更起劲了。这样，不仅使双方的交流更顺畅了，而且张茜又掌握了一些新的常识。

第二节 生活常识

一、时政常识

时政常识指时事与政治方面的基本知识。政治是经济的最高体现，企业所有的经营活动最终脱离不了政治的影响。秘书作为企业领导人的助手，在辅助领导人经营管理企业的过程中，不可能不涉及政策等方面的问题。随着我国经济市场化和国际化进程的加快，各类企业的经营活动不仅受到国内政治和经济的影响，而且也越来越受到国际政治和经济的影响。因此，秘书需要在平时涉猎政治、经济、国际形势等各方面的知识，以补充自己的社会常识，养成能从政治、经济等宏观角度看问题的习惯。联合国总部在哪里，现任美国总统的名字叫什么……这样，当上司在工作中突然忘记了某件事或某个词时你就能给予提醒；或者你在接待客人与他们寒暄时，当他们聊起欧盟的非关税壁垒时，你不会一问三不知。

二、宏观经济常识

随着我国市场经济体系的完善，利率、汇率、税收等宏观调控手段在国民经济的作用，特别是对企业经营的影响也越来越大，因此，作为企业领导人的助手，一定要具备一些宏观经济常识。不管是不是上市公司，作为企业秘书都要留意沪深两大股市的股价走向和板块结构的变化等。在国际经济方面，要留意石油价、汇率变化、贸易摩擦等方面的动向，因为它们的变化也会给企业的经营造成影响。

三、风土民俗

公司来了一对欧洲的客人。他们从遥远的西方来到神秘的东方，心中对北京自然充满了强烈的好奇心；先生与公司谈判，而太太不仅希望能够饱览北京的风光、购买一些珍贵的纪念品，而且还想了解一些有关中国传统京剧、瓷器、武术等方面的知识。这样，秘书实际上就成了翻译兼导游，因此，这就要求秘书是个"百事通"，不仅对传统戏剧、名胜古迹有所了解，还要对北京那些像"全聚德"一样有特色的老字号餐馆做到如数家珍。

四、科学常识

现在科技发展日新月异，在网上、报纸和电视里，一天到晚都充斥着诸如"纳米""克隆""干细胞""DNA""转基因"之类的新名词和信息，这就要求秘书平时注意多学习。这既是工作的需要，也是日常生活的需要。例如，有外地来的客人问你，北京为什么那么多风沙，或者为什么要保护大熊猫和其他珍稀野生动物时，如果没有一定的科学素养，你的回答就很难到位。

五、餐饮常识

懂一些饮食方面的知识，对于一个秘书来说非常重要，因为招待宴请客人也是秘书的一项日常工作。秘书在招待客人时，不仅要能根据客人的籍贯、年龄和性别等方面的不同，选择适合他胃口的菜馆，而且要能对一些名菜做一些相应的介绍，一方面能显示出秘书的素养，另一方面也能创造一些气氛，给客人宾至如归的感觉。如宫保鸡丁这道家常菜，一般人都爱吃，它就有一段关于宫保丁宝桢的故事，如果你能边吃边介绍，那就会让宴席增添许多气氛。

第三节　企管常识

秘书部门是一个企业的综合管理部门，可以说是企业的"参谋部"，因此，作为"参谋"，每一个秘书都应具备一些企业管理常识。

一、公司常识

（一）公司的种类

目前一般的公司都是"有限责任公司"，所谓"有限责任"是指公司出资人仅以自己出资部分来承担偿还债务的责任。

有限责任公司的最高决策机关是公司的股东大会。一般的股东都不直接干预公司的经营管理，因此，投资的所有权与公司的经营权大多是分离的。公司股东将公司的经营管理委托给公司董事会。公司股东大会原则上每年召开一次。股东大会审议并决定以下重要事项：规章制度的变更、资本的增减、公司的解散和合并、股份的转让、股东分红、董事会及监事会人员的任免、财务报告的审计和确认、公司董事的薪水及其他利益分配方案等。

公司董事会是公司的经营决策机构，也是股东大会的常设权力机构。董事会向股东大会负责。董事会的主要职责：决定公司的生产经营计划和投资方案，决定公司内部管理机构的设置，批准公司的基本管理制度，听取总经理的工作报告并做出决议，制定公司年度财务预、决算方案和利润分配方案以及弥补亏损方案，对公司增加或减少注册资本、分立、合并、终止和清算等重大事项提出方案，聘任或解聘公司总经理、副总经理、财务部门负责人并决定奖惩等。

公司监事也是由股东大会选派委任的，其作用是监督董事会的工作是否正确和经营班子是否称职。因此公司（包含子公司）的董事会成员不得兼任公司的监事。一些公司的监事会不仅要对公司财务方面进行监督，而且也对公司业务方面进行监督。上市公司还要接受来自公司以外的财务审计。

（二）公司的组织结构

一般企业的组织结构都呈金字塔形，分总经理级领导层、部门经理层和一般员工层。如果企业规模比较大，在部门经理之下一般职员之上还有组长或项目经理这一管理层。总经理级领导层是公司的最高管理层，负责整个公司的经营管理决策。部门经理层是企业的中间管理层，管理财务、市场、研发、营销等部门，将公司最高管理层做出的各种决策在本部门实施。基层管理人员接受中间管理层的指示并领导和监督一般工作人员落实上级指示。

秘书一般都是辅助公司最高经营层处理日常杂务，他们的工作是在公司高层领导的设想产生之后，与有关职能部门进行交流；在该计划实施之后，辅助上司对实施的进程进行调整和管理监督，从而使计划顺利地进行。在大多数场合，秘书工作是属于金字塔上层的经营层，而秘书的身份则属于金字塔下层的一般工作人员。

二、公司产品（服务）常识

（一）本公司情况

关于本公司的基本情况，至少要了解本公司的历史、发展的过程、注册资本、领导人姓名、具体的业务内容、具体产品或服务的价格、年销售额、各部门的大致分工、各地的分支机构、员工总人数等。

（二）本公司所在行业的基本情况

本公司所在行业的基本情况包括同行业厂商的数量和分布、总产量、大致价格、本公司主要竞争对手、它们开发的新技术或新产品、整个行业的发展趋势等。例如，你是一个生产电视机的工厂的总经理秘书，你不仅要了解本企业生产的电视机的型号、市场零售价、市场竞争优势等基本情况，还要了解国内外同行的一些基本情况和它们的竞争优势。这样，无论你是在为上司起草文件还是在与上司闲聊时，都能做到言之有物，让上司对你刮目相看。

三、人力资源常识

由于时代的变化和市场竞争的需要，公司的组织结构也处于不断变化之中。人事变动主要是为了调节个人能力与工作之间的平衡，并且确保整个公司总是处于最有活力的状态。公司人力资源部门主要是负责人事变动、招聘与面试、试用与合同、员工福利、人事档案、考勤与加班、出差与请假、员工培训、考核与奖惩、薪酬报表、辞职、退休与移交等。

四、市场营销常识

（一）市场营销流程

从产品（或服务）的策划、设想、设计、生产到最后交到消费者手中，这一系列活动就是市场营销。作为企业，不能只简单地生产商品或提供服务，它还要站在消费者的立场上来考虑如何更好地为消费者服务，这就是市场营销。市场营销包括市场调查、产品策划、价格制定、促销方式、渠道政策的制定等一系列活动。

①市场调查：调查市场的规模和发展趋势；通过市场调查和分析，找到消费者的需求所在。

②产品策划：根据市场调查的结果，策划出能满足消费者需求的商品（或服务）。

③价格政策：以生产成本、市场预期销售数量和同行的价格为基础，确定销售方式和价格。

④促销方式：通过广告媒体等手段宣传商品（或服务）的价值和魅力。

⑤渠道政策：为了让商品进入市场，选择合适的流通渠道，并通过这些渠道推销商品。

（二）市场调查的重要性

一方面，市场调查决定开发的方向，它对于产品或服务的开发和上市是非常重要的。消费者的需求因年龄、性别、职业、地区等不同而不同；另外，消费者的需求也会随着时代的变化而变化，因此，企业必须在市场调查上花大力气。

另一方面，由于市场竞争越来越激烈，消费者对商品也越来越挑剔；他们对企业的态度和要求现在已不限于产品本身的质量了，还包括了售后服务等。

（三）市场营销用语

①消费者：购买产品（或服务）的人。

②媒体：报纸、杂志、电视、广播和网络等。

③市场调查：调查市场的规模现状和消费者的需求等。

④促销：通过降价、优惠、赠送样品等方式来刺激消费者购买欲望的活动。

⑤市场占有率：在市场上的所有同类产品中，自己的商品所占的比例。

⑥售后服务：产品（或服务）在销售之后为消费者提供的服务，如产品维修。

⑦产品生命周期：商品从推向市场到最后无人问津这一段时间。

五、生产管理常识

（一）生产管理

为了能在保证质量的前提下大批量生产产品，并保证企业的持续发展和提高生产效率，采取合理的生产管理体制，这就是"生产管理"。

（二）劳动生产率

劳动生产率是指企业或员工在单位时间内的产品生产量，它是考核企业经济活动的重要指标，是企业生产技术水平、经营管理水平、职工技术熟练程度和劳动积极性的综合表现。

（三）生产管理手段

TQC活动：TQC是Total Quality Control的简称，它是以组织全员参与为基础的质量管理形式。从20世纪80年代后期以来，全面质量管理得到了进一步的扩展和深化，逐渐由早期的TQC演化为TQM（Total Quality Management），其含义远远超出了一般意义上的质量管理的领域，而成为一种综合的、全面的经营管理方式和理念。

ISO认证：ISO是国际标准化组织（International Organization for Standardization）的简称，它是一个全球性的非政府组织，是国际标准化领域中一个十分重要的组织，担负着制定全球协商一致的国际标准的任务。企业推行ISO认证的意义在于它可以强化品质管理，提高企业效益；增强客户信心，扩大市场份额；获得国际贸易"通行证"，消除国际贸易中的壁垒，节省第三方审核的精力和费用。因此，推行ISO可以大大提升产品竞争能力。

第四节 财会常识

秘书作为企业领导人的助手，主要工作就是帮助他们收集信息，在各种信息中，财务方面的信息是最重要的信息之一，所以，作为秘书，不一定要会记账做财务报表，但一定要会看财务报表，具备一些会计常识。另外，秘书经常帮上司报销差旅费，帮上司宴请客人，采购一些办公用品，要用支票等，所以还要具备一些财务、支票方面的常识。

一、会计常识

企业经营业绩和财务状况，一般是按一定时期内所拥有的资产数量来表示的，这项工作就叫作"决算"。决算一般以年度为决算单位（FiscalYear，FY）；与以一个决算年度相类似的，还有半年的决算，有些公司还将一年分为四次，每三个月一次，叫Quarter System，四次决算分别叫作Q1、Q2、Q3和Q4。如2005年度的第三次决算就叫"FY2005，Q3"。

财务报表主要有资产负债表和损益表等。

（一）资产负债表

资产负债表主要反映企业资金的使用情况。通过看这份表，就知道企业有多少库存商品、有多少固定资产等。通过了解资产结构，就知道如何调度资金，以及在运营过程中应采取的对策。一般来说，如果与上年同期（或年初）相比，资产增长的幅度较大，那就表示企业经营状况良好；相反，如果企业经营状况不理想的话，资产就不会有什么增长；如果出现资产减少的情况，那就要采取相应的措施，重新检查公司运营方针，在资金调度、投资方向和企业管理等方面进行调整。

（二）损益表

损益表主要反映企业的盈利状况。通过这份表，能了解企业在一定时期内的"利润"情况。为了具体了解企业的盈利情况，必须了解企业在这个时期的销售收入和经营费用的情况，而通过表上的营业收入、费用、利息等指标的对比，就能了解企业经营的效率。通过损益表可以看出企业收入的构成，一般来说，营业收入增加的话，营业费用和利润也会相应增加。销售收入与销售进价之间的比率，反映了企业成本的构成。从销售费用、一般管理费用占总销售收入的比重，可以看出企业的负担和经营管理的水平。

（三）资产

资产是企业经营所需的全部财产，它包括现金、租金、土地、建筑物、设备、商品、无形资产等。

（四）负债

负债是企业必须偿还的财产，它包括银行贷款、借款、应付货款等。

（五）流动资产

流动资产是能在短期内变为现金的资产，如存款、应收款、有价证券、原材料、产品等。

（六）固定资产

固定资产是长期保持同样形态的资产，如土地、建筑物、设备等有形的东西。

二、财务常识

（一）小额现金的处理

公司付款，一般都是通过银行转账结算，或者使用支票、汇票等结算。但是，秘书也经常需要从财务部门预借些现金，用于小额开销，以备急用。例如，购买招待客人的茶叶、咖啡、水果和小的办公用品等。另外，一些市内交通费、杂志书籍等，也多用现金支付。

小额现金一般都不超过千元，如果快用完了再去借，一般公司对这类小额现金的管理都有专门的制度。秘书在处理这类小额现金时，特别要注意的是不要将它和差旅费等混同起来。

小额现金从预借到支出，都要严格按规章办理。首先要填写好借款单，请上司在借款单上签字；如果是替上司或其他人借的钱，在把钱交给他们时，应请他们出具收条。

（二）报销费用

有时为公司办事需要花些费用，如出差或接待客人等。这样，事后就需报销费用，根据规定，一笔一笔地细算。作为秘书的主要报销工作是替上司报销差旅费。

上司准备出差时，应根据上司出差目的地和时间的长短，为上司做一个差旅费预算，根据预算，填好借款单，向财务部门的负责人提出申请，在上司出发之前把现金准备好。在做差旅费预算时，主要是根据交通费、住宿费、招待费和出差补贴这几项来计算。出差补贴，公司一般都有现成的标准，按职位高低有各种不同的补贴标准。

上司出差回来后，秘书要代替上司报销差旅费。将上司所有出差票据整理好后，按财务部门指定的单据填好，分门别类地算出来，将报销单交上司本人和财务部门负责人审核签字。根据出差之前预借金额和出差发生的实际费用，多退少补。

三、支票常识

支票是由出票人签发的委托办理支票存款业务的银行在见票时无条件支付确定金额给收款人或持票人的票据。出票人是签发支票的单位或个人，付款人是出票人的开户银行。

单位在同一票据交换区域的各种款项结算，均可使用支票。依据《中华人民共和国票据法》和中国人民银行的《支付结算办法》，客户可以按规定使用现金支票和转账支票。

支票分为现金支票和转账支票。现金支票只能用于支取现金；转账支票只能用于转账。支票一律记名，转账支票可以背书转让；支票提示付款期为十天（从签发支票的当日起，到期日遇节假日顺延）。支票签发的日期、大小写金额和收款人名称不得更改，其他内容有误，可以画线更正，并加盖预留银行印鉴之一证明。支票发生遗失，可以向付款银行申请挂失；挂失前已经支付的，银行不予受理。

出票人签发空头支票、印章与银行预留印鉴不符的支票、使用支付密码但支付密码错误的支票，银行除将支票做退票处理外，还要按票面金额处以5%但不低于1000元的罚款。

四、税务常识

（一）税制

目前我国税制分国税和地税两种。国税是国税系统负责征收管理的税种，包括增值税、消费税等。地税是地税系统负责征收管理的税种，包括营业税、个人所得税、土地增值税、城市维护建设税、车辆使用税、房产税等。

（二）纳税人

纳税人是纳税义务人的简称，是税法规定的直接负有纳税义务的法人和自然人；企业理所当然属于纳税人，而且是法人纳税人。

（三）课税对象

课税对象又称征税对象，是税法规定的征税的目的物。每一种税都必须明确规定对什么征税。一般来说，不同的税种有着不同的课税对象，不同的课税对象决定着税种所应有的不同性质。

（四）税目

税目是课税对象的具体项目，如企业所得税。有些税种具体课税对象复杂，需要规定税目，如消费税、营业税，一般都规定有不同的税目。

（五）税率

税率是应纳税额与课税对象之间的比例，是计算应纳税额的尺度，它体现征税的深度。

第五节　法律常识

市场经济就是法治经济。公司的一切业务，都是在相应的法律规定约束之下进行的。稍具规模的公司，都会有自己的法务部或专职的法律顾问。在公司经营活动中，如何确保公司法律权利的获得、行使与保护，如何避免出现法律纠纷以及出现法律纠纷后如何解决，这些都涉及专门而又复杂的法律条文，必须由专门的律师来处理。但是，这并不等于秘书不需要具备一些法律知识。企业对法律知识的需求，不仅是在签订那些事关全局的协议或合同的时候，更多的是在普通的日常工作中，律师往往只是最后把关。从各种协议与合同的起草，到与客户的常规谈判，如果秘书具备了一定的法律知识，就能使自己在辅助上司决策和处理日常工作的过程中，给上司提供自己的建议，使上司在日常经营活动中能够及时判断什么事可以自己解决，什么时候需要律师的帮助。这样，就可以避免一些法律困惑和纠纷，大大降低公司法律需求的成本。由于我国目前的法制还不是很健全，有理的不一定合法，合法的不一定有理，在企业经营过程中这种法律上的陷阱非常多，更需要秘书具备相当的法律知识，提醒领导。

一、公司法

公司法是为了规范公司的组织和行为，保护公司、股东和债权人的合法权益，维护社会经济秩序，促进社会主义市场经济的发展。

公司是企业法人，有独立的法人财产，享有法人财产权。公司以其全部财产对公司的债务承担责任。有限责任公司的股东以其认缴的出资额为限对公司承担责任；股份有限公司的股东以其认购的股份为限对公司承担责任。

公司从事经营活动，必须遵守法律、行政法规，遵守社会公德、商业道德，诚实守信，接受政府和社会公众的监督，承担社会责任。

公司的合法权益受法律保护，不受侵犯。

设立公司，应当依法向公司登记机关申请设立登记。符合本法规定的设立条件的，由公司登记机关分别登记为有限责任公司或者股份有限公司；不符合本法规定的设立条件的，不得登记为有限责任公司或者股份有限公司。

依法设立的公司，由公司登记机关发给公司营业执照。公司营业执照签发日期即为公司成立日期。

公司营业执照应当载明公司的名称、住所、注册资本、实收资本、经营范围、法定代表人姓名等事项。

设立公司必须依法制定公司章程。公司章程对公司、股东、董事、监事、高级管理人员具有约束力。

依照公司章程的规定，公司法定代表人由董事长、执行董事或者经理担任，并依法登记。变更公司法定代表人，应当办理变更登记。

二、合同法

合同法是为了保护合同当事人的合法权益，维护社会经济秩序，促进社会主义现代化建设。

合同是平等主体的自然人、法人、其他组织之间设立、变更、终止民事权利义务关系的协议。

合同当事人的法律地位平等，一方不得将自己的意志强加给另一方。

当事人依法享有自愿订立合同的权利，任何单位和个人不得非法干预。

当事人行使权利、履行义务应当遵循诚实信用原则。

依法成立的合同，对当事人具有法律约束力。当事人应当按照约定履行自己的义务，不得擅自变更或者解除合同。

书面形式是指合同书、信件和数据电文（包括电报、传真、电子数据交换和电子邮件）等可以有形地表现所载内容的形式。

依法成立的合同，自成立时生效。

三、劳动法

劳动法是为了保护劳动者的合法权益，调整劳动关系，建立和维护适应社会主义市场经济的劳动制度，促进经济发展和社会进步。

在中华人民共和国境内的企业、个体经济组织（以下统称为用人单位）和与之形成劳动关系的劳动者，都必须遵守劳动法。

劳动者享有平等就业和选择职业的权利、取得劳动报酬的权利、休息休假的权利、获得劳动安全卫生保护的权利、接受职业技能培训的权利、享受社会保险和福利的权利、提请劳动争议处理的权利以及法律规定的其他劳动权利。劳动者应当完成劳动任务，提高职业技能，执行劳动安全卫生规程，遵守劳动纪律和职业道德。

用人单位应当依法建立和完善规章制度，保障劳动者享有劳动权利和履行劳动义务。

劳动者依照法律规定，通过职工大会、职工代表大会或者其他形式，参与民主管理或者就保护劳动者合法权益与用人单位进行平等协商。

劳动者就业，不因民族、种族、性别、宗教信仰不同而受歧视。

妇女享有与男子平等的就业权利。在录用职工时，除国家规定的不适合妇女的工种或者岗位外，不得以性别为由拒绝录用妇女或者提高对妇女的录用标准。

禁止用人单位招用未满十六周岁的未成年人。

订立和变更劳动合同，应当遵循平等自愿、协商一致的原则，不得违反法律、行政法规的规定。劳动合同依法订立即具有法律约束力，当事人必须履行劳动合同规定的义务。

下列劳动合同无效。

①违反法律、行政法规的劳动合同。

②采取欺诈、威胁等手段订立的劳动合同。

③无效的劳动合同，从订立的时候起，就没有法律约束力。确认劳动合同部分无效的，如果不影响其余部分的效力，其余部分仍然有效。劳动合同的无效，由劳动争议仲裁委员会或者人民法院确认。

④劳动合同可以约定试用期。试用期最长不得超过六个月。

劳动合同应包含以下条款。

①劳动合同期限。

②工作内容。

③劳动保护和劳动条件。

④劳动报酬。

⑤劳动纪律。

⑥劳动合同终止的条件。

⑦违反劳动合同的责任。

⑧劳动合同可以约定试用期。试用期最长不得超过六个月。

四、专利法

专利法是我国为了保护发明创造专利权，鼓励发明创造，利于发明创造的推广应用，促进科学技术进步和创新的一部重要法规。

专利法所称的发明创造是指发明、实用新型和外观设计。

执行本单位的任务或者主要是利用本单位的物质技术条件所完成的发明创造为职务发明创造。职务发明创造专利申请的权利属于该单位；申请被批准后，该单位为专利权人。

两个以上的申请人分别就同样的发明创造专利申请的，专利权授予最先申请的人。

转让专利申请权或者专利权的，当事人应当订立书面合同，并向国务院专利行政部门登记，由国务院专利行政部门予以公告。专利申请权或者专利权的转让自登记之日起生效。

发明和实用新型专利权被授予后，任何单位或者个人未经专利权人许可，都不得实施其专利。

外观设计专利权被授予后，任何单位或者个人未经专利权人许可，都不得实施其专利，即不得为生产经营目的制造、销售、进口其外观设计专利产品。

任何单位或者个人实施他人专利的，应当与专利权人订立书面实施许可合同，向专利权人支付专利使用费。被许可人无权允许合同规定以外的任何单位或者个人实施该专利。

五、商标法

商标法是为了加强商标管理、保护商标专用权，促使生产、经营者保证商品和服务质量、维护商标信誉，以保障消费者和生产、经营者的利益，促进社会主义市场经济发展的一部重要法律。

经商标局核准注册的商标为注册商标，包括商品商标、服务商标和集体商标、证明商标；商标注册人享有商标专用权，受法律保护。

商标法所称集体商标，是指以团体、协会或者其他组织名义注册，供该组织成员在商业活动中使用，以表明使用者在该组织中的成员资格的标志。

商标法所称证明商标，是指由对某种商品或者服务具有监督能力的组织所控制，而由该组织以外的单位或者个人使用其商品或者服务，用以证明该商品或者服务的原产地、原料、制造方法、质量或者其他特定品质的标志。

自然人、法人或者其他组织对其生产、制造、加工、拣选或者经销的商品需要取得商标专用权的，应当向商标局申请商品商标注册。

自然人、法人或者其他组织对其提供的服务项目需要取得商标专用权的，应当向商标局申请服务商标注册。

国家规定必须使用注册商标的商品，必须申请商标注册，未经核准注册的，不得在市场销售。

商标使用人应当对其使用商标的商品的质量负责。各级工商行政管理部门应当通过商标管理，制止欺骗消费者的行为。

任何能够将自然人、法人或者其他组织的商品与他人的商品区别开的可视性标志，包括文字、图形、字母、数字、三维标志和颜色组合，以及上述要素的组合，均可以作为商标申请注册。

申请注册的商标，应当有显著特征，便于识别，并且不得与他人在先取得的合法权利相冲突。

商标注册人有权标明"注册商标"或者注册标记。

就相同或者类似商品申请注册的商标是复制、模仿或者翻译他人未在中国注册的驰名商标，容易导致混淆的，不予注册并禁止使用。

就不相同或者不相类似商品申请注册的商标是复制、模仿或者翻译他人已经在中国注册的驰名商标，误导公众，致使该驰名商标注册人的利益可能受到损害的，不予注册并禁止使用。

商标注册申请人在不同类别的商品上申请注册同一商标的，应当按商品分类表提出注册申请。

第六节　统计学常识

一、绝对数

统计绝对数是反映在一定时间、空间条件下某种现象的总体规模、总水平或总成果的统计指标，又称为总量指标。例如，北京九州科技发展公司2008年年底员工总人数为600人，拥有12辆汽车。

二、相对数

相对数是两个有联系的指标数值的比率，反映现象的相对数量特征。例如，北京九州科技发展公司2008年年底员工总人数为600人，而2007年年底员工总人数为500人，那2008年公司员工比2007年增加20%。

（一）计划完成相对数

计划完成相对数是经济现象在某一时间、某类指标的实际完成数与计划完成数对比，反映计划完成的程度，通常用百分数表示，所以又叫作计划完成百分数。其基本计算公式为：

计划完成相对数=（实际完成数/计划完成数）×100%

例如，北京九州科技发展公司2008年计划完成8000万元销售额，实际完成12 000万元，则该公司年生产计划完成程度为：

12 000÷8000×100%=150%

计算结果说明该公司不仅完成了销售计划，并且超额完成计划：

150%－100%=50%

（二）结构相对数

结构相对数是在分组的基础上，将分组指标与总体指标对比，反映总体部分数值占总体全部数值的比重，常用百分数表示。总体各部分所占比重之和等于100%或1。其计算公式为：

结构相对数=（部分数值/总体数值）×100%

例如，北京九州科技发展公司 2008 年完成销售额 12 000 万元，其中 A 型仪器的销售额为 6000 万元，那 A 型仪器的销售额占公司总销售额的比例为：

$$6000 \div 12\,000 \times 100\% = 50\%。$$

（三）比例相对数

比例相对数是反映总体中各组成部分之间数量联系程度、协调平衡状况及比例关系的相对指标。其计算公式为：

$$比例相对数 = 某部分数量 / 另一部分数量$$

例如，北京九州科技发展公司 2008 年年底员工总人数为 600 人，其中男性员工为 450 人，女性员工为 150 人，那九州公司男女员工之比为 450：150。

（四）比较相对数

比较相对数可用来反映同类现象的数量在不同空间条件下的静态对比关系，是不同空间同一时间上同类指标对比的结果。比较相对数的计算公式为：

$$比较相对数 = 甲单位某指标 / 乙单位同类指标$$

例如，北京九州科技发展公司 2008 年销售部人均年奖金为 50 000 元，而行政部人均年奖金为 20 000 元。也就是说，销售部人均年奖金是行政部的 2.5 倍，或者说行政部人均年奖金只有销售部人均年奖金的 40%。

（五）强度相对数

强度相对数是同一时期内两个性质不同而又有一定联系的总量指标之比，说明一种现象在另一种现象中的强度、密度和普遍程度。其计算公式为：

$$强度相对数 = 某一统计绝对数 / 另一性质不同有联系的总量指标数值 \times 100\%$$

例如，北京九州科技发展公司 2008 年年底有员工 600 人，其中 240 人有私家车（自驾车上下班），那北京九州科技发展公司员工私家车拥有比例为 40%。

（六）动态相对数

动态相对数是同一现象的同类指标在不同时间状态的对比，反映其发展变动方向和变动程度。通常我们把所要研究时间的指标称为报告期水平，把作为对比基础时间的指标称为基期水平。动态相对数也叫作发展速度，一般用百分数表示，说明报告期水平是基期水平的百分之多少。用发展速度减去 1（或 100%）叫作增长速度，说明报告期水平比基期水平增长了百分之几。其计算公式为：

$$动态相对数 = 报告期水平 / 基期水平$$

例如，北京九州科技发展公司 2008 年实现纯利 1200 万元，2007 年实现纯利 1000 万元，那该公司 2008 年的纯利为 2007 年的 1.2 倍，也就是说 2008 年纯利比 2007 年同比增长 20%。

三、平均数

（一）简单算术平均数

简单算术平均数是总体各单位某一数量的全部标志值的平均，它等于总体各单位某一数量标志值的总和除以总体单位数。其计算公式为：

简单算术平均数=总体标志值总和/总体单位数

例如，北京九州科技发展公司2008年年底有员工600人，年底共发放奖金1200万元，那人均奖金为2万元（1200÷600）。

（二）加权算术平均数

加权算术平均数是先将各组标志值与相同组的频数相乘以后得到各级标志值总和，再将各组标志值总和加总求得总体标志值总和，同时，把各组频数相加得到总体单位总数，再将两者相除。例如，北京九州科技发展公司2008年年底有员工600人，年底奖金分为一等奖、二等奖和三等奖3个档次，它们分别是10万元、5万元和1万元。其中拿一等奖的有50人，二等奖的有100人，三等奖的有450人。那全公司人均奖金为：

全公司人均奖金=（50×10+100×5+450×1）÷600≈24 000（元）

第五章　秘书礼仪的规范

第一节　秘书礼仪概述

说到"礼",我们会很自然地想到父母、老师的教导,例如,见到长辈要打招呼、遇到幼小者要礼让、过马路要遵守规则、买东西要排队……正是这些点点滴滴的礼数与规则,渗透在我们的成长路上。且中国素以"礼仪之邦"著称,随着经济的飞速发展与社会的不断进步,学礼、懂礼、行礼、守礼已成为社会共识。

对于一名秘书专业的大学生而言,礼仪必然是一门非常重要的课程。从一定程度上讲,礼仪关系着我们的日常工作、人际关系、社会关系以及良好的事业发展。我们要通过正确全面的认识、清晰透彻的理解以及真正的落实,去践行和传承礼仪。

一、礼仪的概念与认知

(一)礼仪的概念

首先什么是礼仪?礼仪究竟包含些什么?古人讲"礼者,敬人也",礼是礼貌、礼节,是一种要求;仪是仪表、仪态,是一种人们共同认可的秩序。合二为一,礼仪是人类为维系社会正常生活而要求人们共同遵守的最起码的道德规范,它是人们在长期共同生活和相互交往中逐渐形成,并且以风俗、习惯和传统等方式固定下来的行为准则和规范的总和。

对一个人来说,礼仪是一个人的思想道德水平、文化修养、交际能力的外在表现;对一个社会来说,礼仪是一个国家社会文明程度、道德风尚和生活习惯的反映。遵守礼仪,不仅使人们的社会交往活动变得规范、有秩序,同时也能使人与人在交往中更具有亲和力,相处更加融洽。

作为一种社会规范,现代职场礼仪是随着时代的变化而变化的。然而不变的是什么?是人们所喜好的"尊重",这其实就是礼仪的核心。人人都渴望被别人尊敬和爱戴,能够尊重别人的人,才能得到认可,而礼仪就是得到认可的基石。当你学会了如何去尊重自己、尊重别人、尊重社会,同时你也能够得到别人真正的认可和尊重。一个优秀的秘书,首先应该常怀尊重感恩之心,无论是对待哪个群体,基于什么原因,都要做到态度亲切,心里有对方,这是礼仪的基础。

（二）礼仪的作用

礼仪在现代职场中起着非常重要的作用，主要有以下几点。

1. 优化与约束人们的行为

在职场上礼仪约束着人们的态度、动机，规范和优化着人们的行为方式和处事方法，协调着人与人之间的关系，由此在人际交往中发挥着巨大的作用。俗语"无规矩，不成方圆"，正如人们是在一个具有规范的社会框架中，人与人之间按照规则行事，一切才能有秩序地、合理地存在。

2. 提高人际沟通的效率与质量

在人际交往中，如果都能自觉地遵守礼仪规范，双方必然能进行充分的沟通，从而达到理解，获得尊重，很多事情也能迎刃而解。为缓和甚至避免冲突，在交往时以礼相待，有助于加强相互间的尊重，建立友好的合作关系，充分地提升信任度，促成更好的沟通质量及效果。

3. 促进人们遵守道德习俗

人们通过对礼仪的学习和应用，在建立的人际关系中，严于律己、宽以待人、相互尊重、谦和礼让，在良性循环中形成优质的社会风尚，养成良好的道德习俗，从而更融洽地相处。

（三）礼仪的特征

1. 规范性

古人有云"不立规矩，不成方圆"，如果社会中的每个人都我行我素，各有各的做法，必然会影响社会的稳定性，造成混乱，礼仪最突出的一个特征就是树立和统一了规范。这样的规范性，不仅约束着人们在一切交际场合的言谈举止，而且也是必须采用的一种"通用语言"，更是衡量自我、礼敬他人的一个标准。

2. 差异性

截然不同的历史背景、文化发展及客观环境，导致了在不同民族、国家的礼仪存在着明显的差异性，如老朋友见面，就有完全不同的礼仪表达方式，有的握手，有的拥抱，有的亲吻，有的拍肩，但其意思都是为了表达问候与友好。所以，没有绝对的礼仪，规范也不是一成不变的，只有真正理解了这种差异性，才能保持尊重的核心，结合实际，在不同场合中更好地运用礼仪，做到游刃有余。

3. 灵活性

礼仪不是不着边际的纸上谈兵，也不是空洞无物的条条框框，它最关注的应该是在遵循原则与规范下的实际效果。所以需要理解之后，根据各种场景和环境去灵活地运用。礼仪不是束缚、教条，反而可以有演变、有调整、有深化，这样的灵活度才可以达到最佳礼仪效果。

4.传承性

礼仪作为一种文化现象，具有显著的传承性。任何国家和民族的礼仪都是在本国古代礼仪的基础上传承下来的，也在时代发展中不断汲取着进步的血液，并通过每一代人的实践和传承，得以延续并生生不息，礼仪可以说是文化的传承载体。

二、秘书与礼仪

（一）秘书礼仪的概念

所谓秘书礼仪，是指秘书在工作和社会生活中，为了塑造个人和组织的良好形象，对交往对象表示尊敬与友好的规范或程序，是秘书人员自身文化素养、精神面貌和工作态度的体现，也是围绕秘书的工作所展示出的职业化程度。

秘书礼仪包括不同的几个层次，首先是个人的礼仪形象，如仪容、仪表、仪态等；其次是基础礼仪，包括意识、品质和秘书职场风范；再次是围绕秘书岗位的日常办公及专项业务礼仪，涉及各项职能及具体工作；最后伴随着时代发展与进步，还有涉外礼仪等。

（二）秘书礼仪的重要性

1.礼仪是秘书个人职业化形象的重要体现

秘书工作作为企业的窗口，处于枢纽位置，具备较强的专业特点及素质要求，也承载着重要的责任，从个人形象、谈吐举止、待人接物、协调安排到全局运筹等，无不需要秘书礼仪渗透其中。在日常工作中，秘书的个人综合形象是备受关注的。想象一下，无论是静态所呈现出的仪容仪表仪态，还是动态的相处交往、办公室业务处理、工作交付等，礼仪的差异最终带来的是秘书职业化形象的差异。所以，礼仪不仅是秘书的基本行为准则，而且是一件必备的外衣，会提升秘书的综合素质，展现优质形象。

2.礼仪是秘书交付工作的重要保障

从秘书的各项工作内容来看，辅助主管、联络各方、组织会务、接待拜访等，无一不涉及诸多礼仪事项及规范。秘书只有具备了专业的礼仪常识，并真正按要求执行，才能最终确保交付效果。例如，秘书在支撑辅助上司的过程中，只有把礼仪事项及规范做好了，才会在维护权威和上司形象的同时，体现深度支撑的价值，获取结果与感知的双重收获。又如，在接待客户过程中，周到的礼数、全流程的得体安排，不仅会提升客户的良好感知，促进合作，更会真正达到社交目标，这些都体现了礼仪对于秘书交付工作的保障作用。

3.礼仪是秘书维系人际关系网络的关键要素

秘书工作通常搭就着一座联络、沟通、协调的桥梁。处于单位人际关系网的中间点位置的秘书，需要与不同角色、不同类别的各种人打交道。一个懂"礼"、掌握礼仪规范的秘书，更具备沟通、协调与人际交往的能力，更容易建立良好的了解与信任关系，收获在周边领域中的良好形象和信誉，人际关系网络会更得以维系和稳固。反之，离开了礼仪这一"润滑剂"，缺失的不仅是规范或者技巧，更会影响交往过程中人际关系的调节和平衡，影响周边关系与长久融合。

4.礼仪是秘书个人职场发展的重要因素

离开学校步入职场，每一位秘书都要经历自己的融入、成长和发展之路。从新入职开始，有可能因为性格傲慢缺乏真诚，有可能因为礼仪知识的不足，又不重视和提升，一旦在日常工作中的方式方法不得当，带来负面影响，秘书很容易缺失认可，导致没有人愿意与之交往，长期以来形成职场"真空"，非常不利于后续的成长与发展。所以修炼秘书礼仪是一名优秀秘书的必修课程，而且需要持续不断。只有用规范的礼仪去武装自己，积极探索在秘书岗位的独特价值，才会赢得精彩的职场，收获持续的发展。

第二节 秘书基础礼仪

秘书作为现代职场非常重要又特别的职业，不仅在每个单位发挥着举足轻重的作用，同时还是单位或领导形象的一个窗口、一张名片。秘书礼仪形象，也被赋予了更高更严格的要求。

我们首先从对礼仪的认知与重视入手，再到塑造秘书本人的礼仪形象。本章将重点围绕秘书的职业意识、基础规范，介绍秘书岗位的基础礼仪。

秘书基础礼仪就是白领日常准则的一个升华，它以对成熟白领的要求和准则为基础，进一步结合秘书岗位以及工作环境的特殊性，介绍了秘书所必须具备的规范、素质以及基础能力。

要真正成为一名优秀的秘书，在礼仪方面做到最好，在工作方面有所建树，前提和基础就是意识的觉醒与调整。

一、秘书基础礼仪：打招呼

打招呼也称问候。见面打招呼、问好是人们在交往中借助交谈互表友好和认定的一种方式，打招呼是人们见面时最简便、最直接的礼节。

秘书的工作需要和单位各部门、各层级主管、员工打交道。可能很多复杂事件的推动以及关系的维护就是从不经意的一次打招呼开始的，秘书要从这些基础的礼仪开始真正重视。

（一）重视打招呼

试想一下：你所在的团队如果同时进来两个年轻人，都是专业不错的高才生。但不一样的是，其中一个很热情，每次见到同事都会主动打招呼，笑容满面；而另一个见了领导躲着走，见了同事装作没看见，从来不和别人打招呼。你和团队同事会有什么样的感觉？你更喜欢和哪个人做同事？

答案很明显：前者会给大家留下热情自信的印象，同事很快和他熟悉起来；后者却给同事和领导留下没有礼貌、不合群的印象。而且这还仅仅只是短期，只是普通员工。对于秘书岗位而言，长期来看，更会带来巨大的差异。每一个上司或者员工都会喜欢一个没有架子、热情真诚的秘书，而不是冷冰冰拒人于千里之外。

所以进入职场的第一件事，就是要学会打招呼。这是非常简单好用的一个武器，可以让你的形象更加亲和、谦虚，也自然而然地拉近了与对方的距离，联络感情，沟通心灵。重视打招呼并使其真正成为习惯，你会得到意想不到的收获。

如早晨上班时微笑着对上司和同事说"早上好"，下班时道一声"再见"。就这样简单的一句话、一个微笑、一个招呼，就可以让上司和同事感受到你的教养和工作热情；当你在工作中遇到困难、需要他们帮助时，他们也会很乐意给你更多的帮助与支持，同时彼此的心情畅快也营造出了良好的工作环境。永远记住，你眼里有别人，别人才会心中有你。

相反，如果在别人和你打招呼时你毫无反应，那别人可能会认为你不懂礼貌，自然就会疏远你。因此，打招呼对于维持良好的人际关系作用重大，它是建立良好的人际关系的开始，它既可以让对方意识到你的存在，又表明了"今天也请多多指教"的谦虚态度。

（二）打招呼的场景

1. 上下班时

一走进办公室，立即对迎面而来的同事说"早上好"，并点头示意。下班离开公司时，应该说声"我先走了"或者"不好意思，我先走了"与上司和同事道别。

2. "您好"是最简明最实用的打招呼方式

在主动迎向对方时，当对方向自己问好时，当对方来到自己生活或办公的环境时，自己主动与对方进行联络时，"您好"是最简洁明了、最实用的打招呼方式，会给对方留下一个良好的印象。

3. 在上班期间离开座位或者外出办事时

在上班期间离开座位或者外出办事时也应该打招呼，要让同事、上司知道你去做什么了并能联系上你。除了简明扼要地低头向周围人解释，还可以在办公室的告示板上标明，或者通过手机、邮件等方式告知。上班期间突然消失是非常不职业的表现。

4. 新到一个团队时

新到一个团队时，要特别重视打招呼，跟公司不认识的人打招呼就等于向对方做自我介绍，这是让老员工记住自己的好机会。

（三）打招呼的方法

1. 用好微笑和眼神

当自己的目光和对方目光接触时，向对方点头，同时微笑，并用礼貌的语言问候对方，这是最自然的打招呼方式，可以让对方感觉到你由内而外的热情。如果只是为了打招呼而打招呼，板着脸，眼神也不柔和亲切，反而失去了意义。

2. 掌握简洁亲切的问候语

保持最自然的心态，不紧张，不做作，熟练掌握自然的问候语，最好在问候语前面加上对方姓名，更能提升对方的好感。

3. 多一份关注

平时还应该多关心同事，如果发现对方需要帮助，不妨主动问一句："有什么事吗？"或者是"有什么需要帮忙的吗？"有时候只是一句问候就可以给别人很多温暖，也可以为后续很多工作、交往带来便利。

4. 招打呼还要把握"得体"和"适度"两个原则

我们强调不能冷漠，但是热情也要适度，凡事不能逾越正常的范围。和同事、客户打招呼不能太过于亲密。知礼、明礼也要充分结合当时的氛围、对方的身份等因素选择最合适的方式。

（四）打招呼的误区

1. "变色龙"

如果昨天还笑容满面地跟人家打招呼，今天却形同陌路，态度有时冷淡有时热情，对方很容易视你为"变色龙"，认为你昨天热情的招呼不过是有求于他，这样的感觉更不好。所以不要时有时无，也不要随心情而定。开心的时候就打打招呼，自己心情不好就对别人不理不睬，这不应该是一个职业秘书所具备的态度。应养成打招呼的习惯，并持之以恒地做到。

2. 差异化

对有的同事非常爱打招呼，热情主动，但对有的同事就很冷漠，这样的差异会给人不好的联想，如是不是因为对方是领导或者有利益关联你才打招呼的。打招呼是一种礼仪，针对的不是特殊群体，而是身边的所有人。当你对每一个同事都能发自内心地尊重的时候，别人才能感受到你的魅力。

二、秘书基础礼仪：沟通

沟通是人与人之间、人与群体之间思想与感情传递和反馈的过程。沟通追求思想达成一致和感情的通畅，是人与人交往的桥梁。文明的社会需要文明的语言进行交流，衡量文明语言的标尺就是沟通礼仪。

(一)沟通的重要性

只有擅长和珍视人际沟通，才能建立起和谐、牢固、长久的人际关系，进而使自己在事业上如虎添翼，迈向成功。不善于沟通则会在职场失去许多机会，同时也将导致自己无法与别人协作。只有与他人保持良好的协作，才能获取自己所需要的资源，才能取得成功。

秘书工作很多时候都是与人打交道，因此，秘书需要掌握沟通的核心要领，通过得体的言语、恰当的表达，在每一次沟通中寻求一致，推动难题解决，达到目标，并最终促进事业成功。

(二)沟通时的态度

所有的沟通都是有对象的，我们在衡量沟通效果时必然会考虑接受方的感知与态度。由此可见，是否有效地沟通并不是取决于"你说了什么"，更重要的是"对方接受了什么"。如何能让对方更好地接受，如何起到最好的效果，很大程度上取决于秘书在沟通时的态度。

1. 尊重为先

尊重是贯穿整个沟通过程的必备核心，具体表现都是由尊重延伸开来的。所以秘书在沟通时要调整好心态，对于沟通对象给予觉察与关注，保持足够的尊重，不带任何偏见，尽量多鼓励和赞扬，努力寻找共同立场。如果自己有错误，先真诚地道歉。如果对方有错误，也要多给对方留点面子，不要夸大对方的错误甚至贬低别人，营造和谐的沟通氛围是成功沟通的前提条件。

2. 保持同理心

沟通的过程中要做到感同身受，即站在对方的立场上来考虑问题，也就是"同理心"。将心比心地换位思考，同时不断地降低自己习惯性防卫的程度，这样更便于对方接受，也能将沟通把握在可控范围内。

3. 足够重视

要根据不同的沟通情境与沟通对象，采取不同的对策，做好充分准备。如与客户沟通时，要做好准备工作，从环境、材料、氛围等各个方面做足功课。特别注意沟通结束之后，要关注对方的情绪，记录下后续需要继续跟进的事宜，认真进行沟通的总结与反思，遗留问题积极跟进形成闭环。同时每一次沟通都应该是一次积累和沉淀，在实践中总结提升也非常重要。

4. 注意倾听

耐心倾听是法宝，随意打断别人的讲话是非常不礼貌的，咄咄逼人的态度也不利于双方达成一致。有些秘书会借助上司来生硬强势地发号施令，这样做不但不能帮你解决问题，反而容易引发新的矛盾。真正推崇的是在合作的基础上，以理服人，哪怕原则是明确的，态度也必须温和谦虚。这样即使未能完全如对方所愿，他也能最大限度地给予理解和包容。

（三）沟通时的语言

有句老话："上什么山唱什么歌，在什么场合说什么话"，讲的就是根据沟通的场景与环境选择合适的语言。我们在家里与家人相处通常是最轻松的，想说什么就说什么，但是在职场中、工作中是万万不可的，必须使用处理过的符合职场规范的语言，这不仅代表着你的个人素养和职业化程度，也是沟通中的关键要素，能为你的形象和沟通加分。

1. 使用职场语言

成熟的职业人应该会有选择地使用语言，因为工作环境是非常严肃认真的。与上司、同事的沟通更多是聚焦于工作，所以首先应该体现的是职业、稳重，而不是随意。而且有可能秘书与上司或者同事之间存在年龄、背景、语言习惯上的差异，只有使用规范和大众化的语言，才能确保交流的顺畅，也能给自己树立一个更优质的职业化形象。

（1）不要使用"流行语"

无论是之前流行的电视剧港台腔，还是现在在网络发展过程中不断衍生的大量新奇甚至哗众取宠的语言，这些最时尚的"流行语"都不适合在我们沟通工作时使用，会给人带来不正式的感觉，也会造成一些不必要的误解。

（2）不要使用"学生腔"

多年的学生身份难免会有一些语言习惯，但我们必须要"转身"。干练、清晰的表达是秘书所必备的。如说话结束喜欢带一个表示语气的尾语、总是不断地问为什么，这些都对工作不利。

经常说"流行语"和打"学生腔"，只会给上司和同事留下一个为人肤浅和幼稚的印象。即使书读得再多、再有能力，也较难获得上司和同事的信赖，也得不到独当一面、承担重任的机会。

2. 基本礼貌用语

日常工作中恰当地使用敬语，能显得礼节周到、颇具涵养。这是秘书必须具备的基础常识。常见的礼貌用语如下。

①您好：用于见面的问候，是最直接、有效、常见的问候方式。

②贵姓：见到对方时请问对方姓氏的敬语。

③久仰：表示仰慕已久的敬语。

④久违：客套话，表示长时间没有见面。

⑤请问、请教：有事情要询问，或者有疑难问题希望对方解答时的礼貌用语。

⑥劳驾：表示请人帮忙或让路的敬语，一般用于长辈、上级，也用于平级之间。

⑦承情：表示领受到对方的情谊的敬语。

⑧笑纳：请别人接受赠礼的客套话。

⑨借光：请对方给予方便的敬语。如空间狭小而要从对方那里经过，打扰对方的工作、谈话等。

⑩关照：表示希望得到别人的照顾的敬语，可以说"请多关照"。

⑪打扰：客套话，用于打招呼或求人帮助时表示歉意。

⑫赐教：请求对方指点自己的敬语。

⑬谢谢：通用的表示感谢的敬语。

⑭保重：用在即将离别或者对方身体不太好的时候，祝对方身体健康的敬语。

⑮康复：看望病人、问候病人时表示祝愿的敬语。

⑯ 高寿：询问老年人年龄的敬语。

⑰拜访：上门看望别人的敬语。

⑱光临：欢迎客人的敬语，可以说"欢迎光临"。

⑲赏光：请人参加自己的生日宴会等庆祝活动的敬语。

⑳恭候：真诚等候别人到来的敬语。

㉑失迎：没有及时迎接客人表示歉意的敬语。

㉒失陪：中途需要离开时的敬语。

㉓奉陪：表示陪伴或陪同的敬语。

㉔走好：送客出门的敬语。

㉕留步：请主人不要送自己的敬语。

㉖惠顾：感谢顾客光临照顾的敬语。

㉗惠存：赠送物品给对方时所题的上款用"惠存"。

㉘惠书：把对方的来信尊称为"惠书"。

㉙辛苦：慰问对方的敬语，可以说"您辛苦了"。

㉚包涵：请对方给予谅解的敬语，可以说"请多包涵"。

㉛抱歉：无法满足对方的要求时表示歉意的用语。

㉜奉还：归还借用物品时的敬语。

㉝高见：赞赏别人见解的敬语。

3. 常用习惯用语

在人际交往过程中我们往往不会直接切入主题，而是用一些挂在口头的习惯语句来"敲门"，它们简洁明了、通俗易懂，充分体现了语言文明的基本形式。如果能把它们当成你的口头禅，可以带来意想不到的效果。下面就是当今职场上用得最多也是最有效果的"口头禅"。

（1）早上好

无论昨天多么累，在新的一天里，都要精神抖擞地向周围的人道一声："早上好！"打破从下班以后到第二天上班一直处于空白的闲散状态，迅速进入角色。

（2）不好意思、对不起

有句话说得好，"智者千虑，必有一失"，一个人再聪明能干也会有犯错误的时候。人在做了错事之后，往往有两种截然不同的态度：一种是拒不认错，找借口为自己辩解、开脱；另一种是坦诚承认错误，向大家说声"对不起"，并勇于改正，找出解决的途径。学会说"对不起、不好意思"看似简单，但它的效用非其他词汇可以比拟。它可以使怒者消气，使说者更加成熟。

（3）请

在西方国家，几乎在任何需要麻烦他人的时候，"请"都是必须挂在嘴边的礼貌语。如"请问""请原谅""请留步""请用餐""请指教""请稍候""请关照"等。频繁地使用"请"字会使话语变得委婉而礼貌，是比较自然地把自己的位置降低、将对方的位置抬高的最好办法。

（4）谢谢

道一声"谢谢"看似平常，却能引起人际关系的良性互动，成为交际成功的促进剂。人际交往中有一个黄金法则，即"你如何对待别人，别人也会以同样的方式给予回报"。向别人表示感谢是一个积极而有意义的举动，因为这是一种感恩的良好心态和行为。若能对别人的帮助表示一下谢意，彼此的关系可能就会发生变化，距离也缩短了，彼此产生呼应。上司和同事是了解你和支持你的，说出对他们的谢意，并用良好的心态回报他们，他们就会给予你更多的信任、支持和帮助。对他人的道谢可以用"没什么""别客气""我很乐意帮忙""应该的"等来回答。

（四）沟通时的配合

记得有一部电影讲的是语言学教授将一个卖花女在短期内训练成一个出没于上流社会的贵族小姐的故事。而这有效的短训是从什么地方开始的呢？答案是声音和语言。教授首先让她在留声机上一遍又一遍地训练语音和语调，之后才是着装、姿态、社交礼仪训练。可见要改变一个人的谈吐，声音里蕴藏着巨大的能量。所以作为秘书，良好的沟通也需要声音和身体语言的配合。

1.控制说话音量

在公共场所大声喧哗是非常不礼貌的。我们常常看到在车厢或者餐厅，一些学生旁若无人地大声嬉笑，完全只顾自己高兴，严重影响了周围人。虽然会招来一些不满的眼光，但大多数人还是会宽容，毕竟还是学生。但是进入职场之后，在办公室或工作场合肆无忌惮地喧哗、接电话声音过大、与人沟通音量超常都是非常缺乏教养、不尊重别人的行为。

声音也不能过小，不能将低语与柔和清晰地说话混为一谈。有些女士认为，说话低声细语是女性特有的一种温柔。事实上这并非真正的温柔，自己的声音要适度，要让对方清晰地听到，只有这样才能进行有效的交流。

沟通时，只有控制了说话的音量，调整成最合适的状态，才会让你的形象更有魅力。

2.调整声音状态

当我们在电影里听到鼻音说话时，总会自然而然地联想到那个人一定是一个脾气很坏、性格很固执的坏老头形象；当听到非常尖厉的声音，就会自然联想到一个尖酸刻薄、生性泼辣的女性形象。这就是声音的秘密，调整好你的声音，会为你的谈吐加分。

在现实生活中用鼻音说话的人会让人产生不舒服的感觉，因为用鼻音说话会让人感觉毫无生气且十分消极，像感冒了一样。

尖锐的声音比沉重的鼻音更让人有不适感。

但是，这并不是说声音要特别柔。相反，声音过柔过低会让人觉得此人身心疲惫、萎靡不振。而且这样的声音会让别人听起来十分苍老，缺乏热情和力量。

作为职场秘书应该有意识地将自己的声音调整至最佳状态，不张扬、不另类，自然、沉稳、字正腔圆，既尊重别人，又树立了自己的良好形象。

3.配合肢体语言

沟通时的肢体语言也不容忽视，包括手势、表情、眼神等。因为它更具备习惯成自然的下意识特性，所以比有声语言更能表现出人的心理状态。对方可能会因为你的一个小动作就会产生不好的感觉，甚至影响沟通效果。

在沟通过程中，脸色突变、动作不自然、肌肉紧张、眼神不自然等都是常见的错误表现。试想一下如果和别人沟通的时候，你眼神游离，不断地左顾右盼，这会让对方感觉你没耐心，这样的沟通缺乏尊重，效果也会大打折扣。对于过于夸张的手势也是不提倡的，会给人不稳重、不成熟的感觉。

沟通的时候一定要调整好自己的状态。首先要面向对方，选择合适的角度，如果同时与多人沟通，每个人都要兼顾。表情自然亲切，眼神柔和大方。在沟通过程中，配合自然得体的手势，切忌夸张，不做小动作，如抖腿、撕纸、转笔等。让自己的身体配合你的沟通，营造更加尊重的氛围，你就一定会得到对方的认可与尊重。

(五)沟通时的禁忌

1.打听与公事无关的私事，热衷于小道消息

适当的好奇心不是坏事，是与他人保持适度交流的必要动力，也可能包含了一种关心。但是一个人对别人的事情过分地询问，或多或少有刺探他人隐私之嫌，可能会给别人带来压力和负担。所以秘书与人的沟通，从内容而言，应该有一定的界定和范围，不能什么都打听。如果特别热衷于小道消息，久而久之，会带给人过于八卦、不职业的印象，别人也会对你"敬而远之"，产生防范心理，隔阂由此而生。

2.拿别人的隐讳或身体特征等开玩笑

在职场每个人都可能有自己的隐讳，不要以为自己喜欢的话题他人也会喜欢。如果在公开场所提及他人隐讳，就会伤害其自尊心。即使有口无心，也可能让对方认为这是故意羞辱他，会影响人际关系和沟通氛围，所以尽量不要开隐私方面的玩笑。

沟通中最忌讳拿别人身体方面的特征甚至缺陷开玩笑。如说他人个子矮、头发少、皮肤黑、过

于肥胖等。人无完人，把自己的快乐建立在别人的痛苦之上是非常不应该的，如果因此而被同事当成一个缺乏教养的人，则会影响自己的形象。

3. 触碰其他国家或民族的禁忌

随着社会的不断发展进步，有了更开放的心态与更广泛的交流，我们会越发频繁地和其他民族和国籍的人员进行接触和沟通。这个时候最重要的是掌握其他民族和国家的禁忌、礼仪要点，给予对方真正的尊重，而不是完全以本民族的思维，站在自己的立场去考虑去交流。一旦触碰了他们的民族或国家禁忌，就会带来尴尬引起误会，严重时还会破坏双方的关系。

4. 使用不良的口头禅或不适合的用语

使用不良的口头禅有时会成为沟通中的阻碍，小则影响沟通效果，大则给别人留下非常不好的印象，影响后续的工作合作。

如要和别人说话时，不称呼名字而是"那个，那个"，没有给对方起码的尊重；开口就是"你不懂"，直接堵住对方；或者以威胁的口气说"我只给你两个选择，如果你不能……就别怪我……"，让沟通陷入非常不对等的氛围；在别人询问时就回答三个字："不知道"，感觉你没有再探讨的意愿；或者过于公事公办，"没办法，公司规定就这样，问我也没有用……"，不站在对方立场考虑，没有达成情感上的共鸣。

三、秘书基础礼仪：相处

（一）与上司相处的礼仪

对于秘书的工作而言，辅助上司是其中非常重要的一部分，一个秘书进入职场之后，能发挥多大的价值，能在职业发展道路上走多远，很大程度上取决于他与上司的关系维护，取决于上司对他的认可。所以秘书初入职场很重要的一课就是学会与上司相处，真正地尊重他、辅助他、配合他，也成就他。

1. 全方位地去了解上司

全方位的信息了解是秘书辅助上司的前提，聪明的秘书不会贸然行动，而是根据背景、环境、特点和需求有针对性、有计划地展开工作。

基于单位特点、部门定位、个人性格等方面存在的差异，每一个上司的关注点、工作风格都不完全一样，作为秘书必须去了解。只有这样才会把握工作的重点，也只有这样才能真正适应上司。

在所有的公司里，只要设置了一个部门，就必然会任命一个主管来负责。作为上司，他承担了部门运作的首要责任，包括目标达成、团队建设和人员管理，秘书必须第一时间去正确地掌握部门的特征和关键点，急上司所急，才会在后续合作中有"共同语言"。有的部门职能特殊，需要特别保密，那么秘书一旦有一两次的冒失或者不细致，就可能带来不可挽回的后果。有的部门如果近期正是项目最紧要的时候，上司压力相当大，已经到了千钧一发的关头，此时如果秘书还轻松地建议他出游，可想而知上司会有什么样的反应。这都是需要秘书去了解和知悉的。

对于上司个人而言，也有截然不同的风格与特点。如有的上司牢牢掌握全部决策权，不允许别人直接参与决策，那么作为秘书就要以顺从为基础，重点提供过程信息，并在相处时多说"好的，是，我了解了"。有的上司喜欢给予部下充分自主的工作空间，那么秘书就要做积极型下属，进一步充分地去投入和表达观点。没有绝对正确的方式，只有最合适的。秘书必须做个有心人，通过细致的日常观察、深入的思考和持续的积累，慢慢摸索出上司的个人风格和工作喜好，调整自己的工作状态和辅助方式，真正去适应他。

2. 把握与上司相处的原则

（1）重视和尊重

从某种角度看，秘书工作的很大价值来自对上司的辅助与支撑，上司是秘书职业道路上合作最为密切、最重要的角色，秘书与上司相处最基本的原则就是重视和尊重。

有些秘书会自然而然地与上司对立起来，升起一种"敌意"，感觉到上司无时无刻不在关注着自己的一举一动，或者要求苛刻、过于挑剔等。其实从上司的职能而言，这就是他管理的范畴，并不是针对谁，而且上司本意都是为了促成更好的工作以确保团队目标的顺利达成。秘书自身的态度就变得尤为关键，只有发自内心的重视和尊重，才能正确地去理解和对待，也才能具备良好相处的基础。

还有一些秘书很容易惧怕上司，总是觉得上司遥不可及，做任何事情都如履薄冰，这样的状态反而影响正常工作的开展。任何事情都是以平等为前提的，对上司从心态上和行动上充分尊重就可以了，也不用过度紧张。

在与上司的交往过程中，保持谦虚认真的态度，站在对方立场，尽可能多地给予支撑，不敷衍上级领导交办的工作，用心投入，沟通时态度谦和有礼貌，不卖弄吹嘘自己，表里如一，不越职权行事，不擅作主张……这些都是秘书要特别关注和做到的。

越是长得高大的树木，越要埋下头来，才不致被风吹折。越是才华出众，越是要谨慎地处理同上级领导的关系。目中无人，骄傲自大，往往会给自己带来诸多不利。恃才傲物，就是不善待自己的职位，不善待自己的才能。

（2）配合与成就上司

①多交流，加强了解。人与人之间的交流，只要用心，对方都能够感受到，久而久之，不仅能增加了解，也能增进友情。如炎热的夏天，上司外出见客户回来，你在走廊碰到他，可以说一句："外面这么热，一定很辛苦吧？"简单的一句关心可能就会拉近与上司的距离，有可能让他对你刮目相看。或者上司关注的一些情况，你定期整理一下，把现状和自己的想法与他交流，从他的反应和回复里面，可以判断出他的想法，加深对这项工作的理解，培养与上司的默契度。

②主动思考，全力配合。成功的秘书很重要的一点是主动思考，这样才能真正做上司

的左膀右臂，全力配合上司的工作。如通过自身观察和思考，掌握更多信息，为上司的判断提供全面、有效的参考。上司都会喜欢有主见和自信的秘书，但不能固执，过分地坚持己见也会令上司不快，交流方式很重要，例如，"这个×××我先来做，拿出一个初步想法您再审核"，"对于×××项目，我了解到的情况是这样的……所以，我觉得如果……可能比较合适，不知我这种想法是否妥当？"这样的秘书，彬彬有礼的同时，更带给上司切实的帮助，一定会得到认可的。

③维护好关键时刻。秘书都应该明白，自己与上司是"唇齿相依"的，所以秘书一定要与上司同心同德，同舟共济，特别在一些关键时刻，要做好维护，得到上司的真正认可。

如部门成立，上司面临全新的环境，秘书可以尽可能多地为其做好信息收集，"这些是去年的总结，这些是同类其他部门的信息，我已经做了整理和筛选，请您参考"。如有时上司比较为难，又不好直接拒绝的，需要秘书为其挡驾，做到自然而恰当，真正将问题化解于无形。

上司难免也会出现失误，下属不能隔岸观火、幸灾乐祸。在这个时候，要与上司一起分析失误的原因，总结经验教训，并主动分担一部分责任。这些都是重要的关键时刻，有助于和上司的关系维护。

3.遵照与上司日常相处的礼节

日常与上司相处的礼节核心是"度"的把握，关注细节。

见面主动热情地打招呼；进上司的办公室，即使门开着也千万不能急急忙忙破门而入，应该先敲门经允许后再进去；一同聚餐请上司先入座，先动筷，先敬酒；一同外出，主动做好联络、后勤等工作。

同上司接触，不一定要太"正规化"，事事都要到他的办公室郑重其事地汇报、请示。例如，一些小事可以在相遇时顺便说说，"您叫我办的……已经……"。效率又高，又自然得体。

不可问及上司的私事，对于了解的上司的一些信息、特征也不能随意谈论，不乱传话，在公众场合注意维护上司的形象。也不要传播自身对上司工作的不满，如果从上司处听到一些还未正式发布的消息，严禁不负责任地议论和传达。

在观点发生分歧时，不冲撞上司，切勿激动，要时刻提醒自己保持平和友善的心态，注意态度、方式方法和时机。应对上司的批评不强势，不顶撞，必须克制、缓解自己的对抗情绪，表现出应有的气量。先承认问题，后续有合适的机会可以再与上司进一步地沟通、解释。

（二）与同事相处的礼仪

对于职场新人而言，进入单位，人际关系非常重要。特别是秘书，与同事建立良好的关系，有助于后续各项工作的开展。在与同事相处，尤其在处理与老员工的关系时，秘书要注意以下几点。

1. 谦虚与尊重

秘书岗位是基础岗位，要尊重与维护其他岗位的专业与权威，同时放低自己的身份，特别是作为新人，只有具备了谦虚与尊重的心态，才能迅速融入环境，积累经验，快速发展。

①经常微笑，这是最好的语言，能够拉近彼此的距离。

②不要打断别人说话，认真而耐心地听完，再礼貌地进行确认。

③遇到问题可以大胆询问，但一定要找准合适的时机，不要影响和干扰对方的正常工作。同时要认真记录，避免重复打扰。

④任何时候对于别人的帮助，一定要及时和诚恳地表达感谢。

⑤不要自以为是地去评价，很多时候，并没有了解事情的全貌，要懂得换位思考，而且只聚焦于事，而不是人。

⑥注意自己的提问方式，一般都需要用"不好意思，不知您现在是否方便"来作为开始的确认，过程中要投入，这是对对方最大的尊重。

⑦在保持谦虚和尊敬的同时，最好同时具有幽默感，这样可以产生亲切感。

2. 宽容与友爱

在与同事相处时，一定要调整好心态，营造良性的和谐氛围，宽容与友爱是基础。

因为步入社会就必须要面对现代职场里的"三教九流"。"金无足赤，人无完人"，在一个公司复杂的环境中，各类型的人都有。肯定会有能力低的同事，也有性格没有那么好的，或者是没有那么自律的，甚至有一些你很讨厌的坏习惯，这个时候你能否宽容地对待就变得尤为重要。

①首先要接受同事的不完美，这就是真实的他们，没有完美的人，不要过于苛责。

②平和心态看待，理解和包容别人的不足，更重要的是去发现对方的优点和长处。

③要理解这些缺点并不会影响他们在工作上的投入与价值，而这才是我们在职场最关键的部分，把精力聚焦于团队合作和业务成功，而不是一直挑刺。

同事之间也需要真诚的友谊，真诚的友谊不仅可以温暖孤独的心灵，还可以帮助你看到自己的缺点，收获成长和进步。得到别人的关心，每个人都会感觉很好，但不能只等着别人来帮助和关爱你，我们自己更要懂得先去付出，真挚的友谊都是双方共同维护的。与同事多沟通，进一步了解，同时在遇到困难时以诚待人，相处的过程中努力做到换位思考，慢慢就会了解和接受对方的价值观与思维方式，在工作中形成默契，产生友谊。

3. "度"的把握与平衡

在与同事交往的过程中，要注意"公私分明"。作为同事谈工作的时候，公事公办；而作为朋友谈交情的时候，互谅互让，互帮互助。总之要首先分清公与私，然后再采用相应的交流方式。具备了同事与朋友的双重身份，在相处时要格外注意。

同时，"度"的把握非常重要，既不能过于亲密，又不能冷冰冰的，总的原则是保持合适距离，体现热情、尊重与亲切。

最后特别要注意关系的平衡，有的秘书只关注上司，不经意间忽略了其他同事，或者让同事感觉到了你对上司和普通员工态度的差异，感觉很势利。长此以往，别人也会对你产生不好的印象。

第三节　秘书日常工作礼仪

秘书在日常工作中，作为沟通的桥梁、信息的渠道，礼仪也渗透在各个方面。礼仪将秘书日常工作的里里外外连接了起来，使"秘书"这一岗位在展现自己的特殊性质时，又充分展现了自己的特殊风采。秘书日常工作礼仪主要包括：办公室礼仪、接收工作礼仪、汇报工作礼仪、电话礼仪、差旅礼仪等。日常工作礼仪作为秘书礼仪很重要的一部分，使秘书在日常交付的过程中更有礼有节，并有效确保质量与效果，体现出较高的职业素养。

一、秘书办公室礼仪

（一）秘书办公室礼仪关注点

1. 关注自身礼仪形象的塑造

秘书工作时间最长的场所就是在办公室，重视和理解办公室的环境及功能，从各个维度塑造秘书自身的办公室礼仪形象，才会赢得别人的信任及尊重。

（1）静态形象

静态形象包括秘书个人的着装、仪容仪表及办公室内的座位环境等。

（2）动态形象

动态形象包括在办公室的个人仪态、谈吐、各个事件的处理与应知、及时响应的同时回应得体、各项交付等。只有秘书在各个细节体现出自身的专业水准，才会通过点滴沉淀构建良好的办公室形象。

2. 关注办公室礼仪规则的遵循

（1）公私分明，调整成职业状态

一旦进入办公室，立即调整自己，树立全方位的职业形象。公私分明是首要原则，用职业的语言，做职业的事。有些秘书常常在办公室随意与人聊八卦或者做一些私事，如长时间地打私人电话、整理私人物品等，都会给别人留下非常不好的印象。办公场合，切忌散漫、随意、公私不分，这样会大大削弱别人对你的信任。

（2）凡事关注流程

理解办公室的定位和功能之后，秘书要确保交付的规范性。凡事要有明确的流程，有相关的规则，讲求按步骤严谨操作，不随意篡改，不擅自做主。如办公室的物品存放，有相关的讲究，而不是随意；在办公室接待，有相关的接待流程，有规范的签到和迎送环节；在办公室存档的文件，有对应的排序和存放规则。有些秘书特别不注重，每次操作都不一样，不仅影响了效率，更是不专业的表现。

（3）养成守时守信的习惯

工作上，要遵守约定，养成守时守信的习惯。凡是承诺的一定要做到，包括时间、工作输出和其他事项。不迟到，不拖延，不反悔，言必行，行必果，保持严肃认真的态度，在办公室内高效工作。

（二）秘书办公室礼仪内容

1. 办公环境礼仪

（1）办公环境礼仪的重要性

随着社会的发展，人们对于办公环境的要求也越来越高，优良的办公环境能够提高办公效率，且有利于组织的沟通和员工的身心健康。

办公室人员多而杂，每天都忙忙碌碌，不可避免会产生一些垃圾。如果不及时清理，日复一日办公室一定会变成"垃圾场"，不但不利于工作的顺利开展，还会与专业公司的形象大相径庭。

（2）秘书办公环境礼仪的关注点

秘书在办公室，主要关注两方面的环境：一方面是要维护自身的办公位整洁，这是"小环境"。连自身环境都无法打理好，很难相信在纷繁琐碎的工作中能够高效梳理，办公位的杂乱也是对工作的不尊重。另一方面是要关注和推动整个办公室的整体环境整洁，让上司、员工在更清爽、舒适的环境中工作，打造企业的高端规范形象。

（3）办公环境礼仪的具体要求

①清洁卫生。办公环境礼仪的第一要求是清洁卫生，包括自身办公环境的清扫、保持以及部门周边环境的整体关注与维护。

a. 桌面无灰尘、水渍、杂物等，保持桌面整洁；

b. 办公桌下的杂物摆放整齐，易燃物品远离插座；

c. 及时清理垃圾，废弃用品第一时间放入指定场所；

d. 定期例行进行办公室环境卫生的清洁及检查工作，及时发现隐患并有效调整。

②整洁有序。在清洁的基础上，还要求办公环境整洁有序。秘书接触到的文件、物品很多，长期乱放乱丢累积起来不堪设想，所以要做到及时归整。

a. 对办公环境进行合理的区域规划，什么东西该放在哪里要有明确的章法；

b. 物品摆放整齐有序，每次都按分类细致摆放，不随意乱放；

c. 关注一些关键结点，如接收、发出、回收等环节的有序，注意归放原位；

d. 按日/周/月定期进行程度不一的整理归类，例行维护，长期保持。

③美观舒适。这是在清洁、整齐基础上的较高要求，包括清爽、协调与美化，营造适

合员工办公的环境，提升公司的整体形象。

a.确保良好的空气状态，特别是对于新装修的办公室要注意定期通风，同时办公室的温度要适宜；

b.办公环境要安静，减少各种噪声和交叉影响；

c.办公室设计上的色彩、装饰要适应公司特点，并相互协调，不能过于花哨；

d.可根据实际设计绿色植物方案，适当装点，同时选择一些体现公司文化的装饰画等。

④养成并保持良好的习惯。

a.尽量避免无谓的垃圾产生；

b.重要纸面文件、保密资料等放入保密柜中；

c.所有纸件文件夹命名清晰、存放规范、有条理；

d.打印机、复印机上面的纸件要及时取走；

e.下班后清桌并检查电源插头等的关闭情况，必要时长途电话加密码；

f.最后离开办公区的人员应关电灯、门窗及室内总闸。

2.办公室行为举止礼仪

一旦走进办公室，就是以职业人的形象出现，一言一行都代表着个人素质与职业化水准。办公室的行为举止对于秘书形象的打造非常重要，秘书在办公室里的举止，能清晰地勾勒出他是不是"效率机器齿轮"，是不是"职场形象风向标"，只有更多地关注细节，有更得体的行为举止，才会赢得更多的尊重与机会。

（1）"言"要得体

在办公室里称呼别人时，要使用尊称，不要使用绰号或昵称。掌握礼貌用语，路遇同事或熟人时要打招呼问好，言谈措辞要注意谦恭有礼。说话注意场合，声音不要太大，避免影响他人办公。不谈论私事，不到其他人位置上聊天说笑，更不能在办公区域唱歌或者吹口哨。

（2）"行"要得体

在办公场所内走动时，应稳重、安静，不要随意在办公区内跑、跳（突发事件除外），行走在通道、走廊时要放轻脚步，注意礼让，以免打扰别人走路，通常应请尊者先行。上楼梯时，应请尊者走在自己前面，下楼梯时，应请尊者走在自己后面。这样便于随时保护、搀扶对方。乘坐有人操纵的电梯时，可以请尊者先进先出。乘坐无人操纵的电梯时，秘书可先进后出，便于为尊者操纵电梯。人多拥挤时也会有尊者先进后出的情况，此时秘书应当在电梯内侧或外侧控制住电梯门，防止电梯门夹住尊者。

（3）"相处"要得体

进入房间要先轻轻敲门，听到应答再进，进入后回手关门，不能大力、粗暴。进入房间后，如对方正在讲话，要稍等静候，不要中途插话，如有急事要打断说话，也要看准机会，而且要说：对不起，打断你们的谈话。递交物件时，如递文件等，要把正面、文字面向对方的方向递上去；如是钢笔，要把笔尖朝向自己，使对方容易接着；至于刀子或剪刀等利器，应把刀尖向着自己；来和去都要打招呼，不能突然消失，工作时间如果有事外出，离开办公室之前应向同事或领导交代清楚去向及联系方式；不翻看不属自己负责范围内的材料及保密信息；对其他同事的客户也要积极热情；在征得许可前不随便使用他人的物品；同事之间相互尊重，借东西要还，并表示感谢。

（4）"食"要得体

工作时间不能在办公室内吃东西，特别是带壳的、有响声的食品，休息时间如果不得已需要在办公室用餐，应注意不要吃气味浓烈的食品，用餐完毕之后一定要将用餐区域彻底打扫干净，并将垃圾收拾好送到垃圾存放处。用餐时如有客人来访，应立即将餐具收起来，不要当着客人的面吃饭。

二、秘书接受工作礼仪

秘书日常工作多从接受上司的指示开始，这些指令性工作构成了秘书工作很重要的一部分。如何礼貌得体地接受指示，如何在接受过程中给对方良好的感知，如何确保接受后更好地达成，这些都是秘书应该去关注的。以下为秘书在接受工作时，应注意的工作礼仪规范。

（一）积极响应

上司在指示工作时，最基础的要求是得到迅速、及时以及热情的回应，这也是秘书对上司的尊重。所以接受者无论手上工作多忙，都要及时地响应上司。如果上司叫你的名字，马上用充满朝气的声音回答上司"是""我马上来"等，然后迅速至上司处。接受工作指示时态度要热情、语气要肯定，切忌露出不情愿或疲倦的神情，或者闷声不响走向主管，用"做什么""什么事"等同辈用语进行回答。

（二）准确记录

在接受上司指示时，秘书要带上自己的工作记事本，记下上司交办的事项。除了防止遗漏外，还具有核对、检视、避免纷争等功能。当上司指示完后，秘书可参照记录重复指示重点，以核对你听到的和上司意图有无差距。在日后工作中，也可根据备忘录记录内容，检查工作的状况。

秘书在记录上司指示时要按"6W3H"原则做重点记录，确保记录内容尽可能详尽。"6W3H"原则主要指：

What——要做的是什么及描述达成命令事项后的状态；

When——全部工作完成的时间及各步骤完成的时间；

Where——各项活动发生的场所；

Who——与命令有关联的对象；

Why——理由、目的、根据；

Which——根据前面 5 个 W，做出各种备选方案；

How——方法、手段，也就是如何做；

How Many——需要多大、多少，以计量的方式让事情更具体化；

How Much——预算、费用。

（三）理解确认指示

一个秘书能否正确地理解指示，这也是处理好事情的前提。

1. 不要含糊地点头，要当面确认清楚

有些秘书害怕上司责备，或者担心上司认为自己不够优秀，经常对于自己没听懂的地方不敢问、不经过确认，只是一味地点头，之后再来发愁，或者后面根本做错，走了弯路浪费了时间，这样的结果其实更坏。所以，为保证后面高效正确地执行指示，秘书在接受任务时的确认绝不能含糊，一定要当面确认，不清楚的尽量弄清楚、问明白，真正跟上上司的思路。

2. 尽量以具体化方式重复重点内容

如安排主管工作日程，在确认时就要具体到时间、地点、人物等，对细节部分做针对性确认。对于上司指示的要点，特别是一些数字，在接受指示时尽可能重复一遍，进一步确认，避免上司说错或秘书自己听错的可能。对于交付时间点和重要交付件，要进行澄清与确认。如果上司一次交办的事情比较多，可进一步确认一下优先级别，不要擅自做主。对于明显听起来不太合理的地方，要敢于提出来，尽量具体化地确认与澄清。

3. 信息确认时，要注意时机和方法

秘书不能只站在自身立场，为了自己后续处理时更方便，就不停地打断上司或者喋喋不休地就一些细节重复讨论，这样给上司的感觉非常不好，所以要掌握合适的时机，要让上司把话说完后再提出疑问。同时在每一个停顿和结束时可以做一些确认。确认时也要直击重点，简洁、清晰、高效。

4. 利用自身逻辑，迅速整理思路，向上司总结确认

接收信息时会有很多细碎的点，或者不连贯的信息串接，秘书要进行迅速的整理和吸收，并根据自身的逻辑调整梳理出清晰的脉络，简明扼要地向主管总结确认。如果已经了解一些相关信息，或者有更好的建议或设想，应说出来供上司参考。

三、秘书汇报工作礼仪

上司的判断和决策在很大程度上是根据秘书的汇报而做出的，向上司汇报是秘书必须要修炼的重要工作之一。那么汇报的内容是否真实、汇报的数据是否准确、汇报的场合是否恰当、汇报的时机是否合适都会影响汇报的效果。

（一）秘书向上司汇报的工作内容及原则

1. 秘书向上司汇报的工作内容

①日常沟通汇报：原定的日程安排、重要工作等做例行汇报；

②事件进展汇报：上司交办的事情完成过程及完成后向上司汇报；

③临时事项汇报：突发状态需要紧急处理而做临时汇报。

2. 秘书工作汇报原则

（1）如实汇报

汇报工作应坚持实事求是的原则，秘书必须将最接近事实真相的信息提供给上司，以利于上司完整、准确地理解。对于要汇报的内容要做好确认，不确定项不能妄自推测。如果在自己执行操作过程中出现失误及问题也要如实汇报，不可以隐瞒。

（2）高效汇报

汇报时遣词造句要简洁、易懂，能让上司在短时间内明白汇报的意图和内容。书面汇报时标题要清楚，还可通过使用图表、数字说明，利用添附资料等，使内容一目了然，确保汇报效果及效率。

（3）逐级汇报

向领导汇报工作，一般情况下要逐级进行。应先向直接领导、分管领导汇报，必要时再向其他有关领导汇报，不可直接擅自越级汇报。这样既可以及时得到领导指示，也符合公司的管理特点与汇报规则，避免引起不必要的误解或负面作用。

（二）选择合适的汇报时机和场合

一个合适的汇报时机和场合，会让汇报效果大大提升。所以秘书在汇报前，需要提前了解上司的时间安排，掌握正确的时机，做出正确的选择和适宜的安排。

1. 建立定期汇报机制

对于例行或有规律性的工作，最好给上司建立一个定期汇报的预期，使每次的汇报程序化，从而减少突兀的感觉。对于周期长、情况复杂而重要的工作，不仅要在完成之后汇报，还要在中途不定期汇报。

2. 汇报提前预约

向上司汇报，需要根据上司的安排，提前预约汇报时间。一般要提前确认，不可临时紧急地申请汇报，要避免影响上司其他工作的正常开展。如有多件事情可以汇总起来一起汇报，以提升效率。

3. 选择汇报时段

时段的选择取决于上司方便与否，要做到不扰乱、不添麻烦。一般选择汇报时间时要错开三个时间段：刚上班或快下班半小时内、中午快休息时，这些都不是汇报工作的最佳时段。汇报者在进上司办公室前，要轻敲门示意，如果敲门后没有得到回应，可以稍等一下再敲门。如果三次敲门后仍无回应，应另选时间进行汇报，千万不要做出任何窥探行为。

（三）做好汇报准备

1.确保汇报内容准确和完整

汇报工作前，汇报者要认真周全地准备汇报材料，以确保提供给上司的材料内容完整详尽，并准确无误。一个出色的秘书能够准确地把握上司之所想，聚焦于关键点及核心部分做出准确及恰当的回应。这就需要提前了解汇报背景，熟悉上司习惯，并利用多种渠道把汇报信息掌握准确。不确定的不随意说，也不能自己推测臆断给出不负责任的结论。更不能像挤牙膏那样，挤一点说一点，或者有很多遗漏的部分。

2.明确汇报思路和方案

每一次汇报就是一次对上司的辅助，也是秘书功底的真实展示。没有做好准备就匆忙开始，或者混沌含糊、啰唆重复、思路混乱都是不高效、不礼貌的失败汇报。秘书要经过提前思考，理清汇报思路和方案。

（1）讲逻辑

一般情况下，领导听取汇报时，总是想先了解事情的结果如何，再了解原因和一些关键点。所以在汇报工作时要经过逻辑梳理，讲究正确次序，先说结果再谈过程和程序，按事情的轻重缓急来，尽量减少不必要的背景介绍。

（2）抓重点

抓住重点、把握全面是一个秘书的基本功。在汇报时可以明确几个汇报重点，找几个合适的"桩子"，穿起整个事件。

（3）提建议

除了简单地汇报情况，还要围绕问题的解决，尽量提出解决问题的方案，让上司选择。或者提出基于现实的解决建议，方便上司的后续决策。

3.汇报材料准备

若汇报材料为普通材料，字迹可以朝外；若材料为保密材料，一定要装在文件夹内，然后保持文件夹的口朝上手托着其下端，以突出材料的重要性。汇报工作时，汇报者需双手齐拿材料上端，正面朝向领导进行递交。如果领导不接，可直接将材料置于桌面，并翻到签字处，待领导签完后致谢，并附上一句"领导您还有什么吩咐吗？"若领导回答没有，可说"好，那我先去忙了"。

（四）关注汇报过程

①遵守时间，不能失约。秘书需按约定好的时间到达，过早过迟，均为不当。

②进办公室要有礼貌。进上司的办公室前应轻轻敲门，待听到领导招呼后再进门。汇报时也要注意自己的举止，要优雅大方，显得彬彬有礼，站有站相，坐有坐相。

③控制汇报时间。汇报时应控制在预约时间范围内,整体时间最好不超过半小时。汇报时要做到语速适中、音量适度、控制节奏,同时要预留一些时间,让领导提问。

④口头汇报要做到用语准确、句子简练。汇报时语言应力求自然朴实,做到言简意赅。切忌不顾实际、信口开河、堆砌辞藻、华而不实,还要避免口头禅。

⑤当自己的意见被否定时,要冷静对待。不要使自己的情绪大起大落,也不要轻易打断领导的谈话。即使自己是正确的也不要去顶撞上司,能给别人留面子是对别人的尊重,"通情"一般都是有利于"达理"的。

⑥汇报结束时应注意礼貌。当汇报已经结束而上司仍有兴致询问其他问题时要以礼相待,切不可频繁看表或者打哈欠,以免上司误解为对他的谈话不感兴趣。汇报一般应在上司说出"今天我们就谈到这儿吧"时结束。秘书起身告辞时,应注意带好自己的物品。当领导送到门口时,应主动说"请您留步""谢谢"等礼貌用语。

四、电话礼仪

电话礼仪对于秘书而言是很普遍的,也是需要掌握的重点。电话不仅是秘书传递信息、获取信息、保持联络的一种常用工具,而且也很大程度上承载了秘书所在单位以及个人的形象。

一个简单的电话,就可以向对方传递非常深刻的电话形象,也就是在通电话的整个过程中的语言、声调、内容、表情、态度、时间感等的集合。它能够真实地体现出个人的素质。

(一)电话礼仪的关键要素

1.态度

虽然通话双方相隔较远,仅靠一根电话线来连接,但是电话这一端秘书的态度,对方是可以完全感受到的。不管对方是谁,听到电话铃声响起,秘书就必须调整好状态,传递给对方最好的"态度"。

①响铃三声之内及时接听,态度热情,语调柔和,声音要有精神。

②保持微笑,温和耐心,这些对方可以从声音中感受到,因此,不能表现出任何不耐烦、很着急挂断的样子。

③不打断别人的讲话,耐心倾听不走神,并不时地说些"嗯""是""对""好"之类的短语给予回应。

④讲话的声音不要过大,声调不要太高,音量适宜,话筒离口的距离不要过近,语言清晰标准,咬字要清楚,吐字比平时略慢一点。

⑤整个电话过程中,不能喝水吃东西,也不能发出其他的声音干扰对方。

2.内容

内容就是秘书要通过电话去表达和传递的信息,包括整个通话过程中语言组织的套路。清晰的思路设置、良好的层次感和逻辑性,能够让对方感觉到秘书良好的职业水准。

①电话沟通内容的框架要合理，形成电话沟通的适宜语言模式，结构完整、考虑周到，确保沟通顺畅。

②电话沟通的用语要礼貌，表达得体清晰，沟通过程中不要太口语化，使用对方能接受的语言和方式。

③考虑成熟后再表达，过程中对可能涉及的相关方面都要了解清楚，不要挂了电话又想起一些事情接着再打，再不停地补充确认，这样让人感觉很不好。

④内容简洁而清晰，切忌夸夸其谈。对于一些重要的内容要通过重复等方式进一步与对方确认。

3. 记录

"好记性不如烂笔头"，秘书接电话的过程中应该认真做一些记录，建议电话旁边常备一个记录本和一支书写流畅的笔，电话放在桌子的左上角，用左手拿听筒，右手做笔记（左手优势的人则相反）。一些特别重要的电话，建议进行电话录音。只有高效、完整的记录，才能确保你接电话之后不遗漏任何重点，也不会误事。

（1）通过记录确保信息的完整

语言的沟通很容易出现偏差或者遗漏，特别是对于一些时间点、数字、涉及人员、号码、日期、约定好的回复时间等关键信息都要一一记录下来，并再次确认，以免出错。

（2）通过记录对相关的人员进行传达

有些信息我们只是接收者，并不是实际的操作人员，需要进一步转达。一个完整的电话记录要比随意的口头传达完整、职业得多。

（3）通过记录跟踪问题的解决

对于有遗留问题的电话，需要列清楚截止时间和责任人，定期跟踪。

（4）通过记录沉淀一些重要信息

如客户联系的时间、客户的风格、主管的一些习惯等细节，在后续的合作过程中，可以提供更精细化的超预期服务。

4. 闭环

工作中的电话往往都承载了一定的目的，包括信息的传递、咨询、项目的商谈、活动的知会、问题的跟踪、关系的维护等。挂了电话并不代表结束，一个职业化的秘书必须在约定好的时间前给予回复，所承诺的一定做到，只有将电话带来和产生的问题进行有效跟踪，最终形成闭环，达到目标、解决问题才是电话的结束。

（二）电话礼仪关键场景

1. 接电话

步骤：铃声响起—两到四声之间及时拿起听筒—报出名字并问候—确认对方姓名—询问来电事项—确认内容—礼貌结束通话—对方挂机后再挂机。

接电话时第一句话非常重要,给对方第一印象一定要礼貌、规范。比如说"您好,×××公司,我是销售部×××"。

通话过程中应当认真听对方说话,而且不时有所回应,如"是""对""好""请讲""不客气""我听着呢""我明白了"等。或用语气词"唔""嗯""嗨"等,让对方感到你是在认真听。

如果确认是对方拨错了,应该说:"对不起,我这里是×××公司,您可能打错了",或者"对不起,我这里是人力资源部,您找的是客服部,分机为××××,我帮您转接过去""对不起,麻烦您再拨一遍×××号码",应当及时告之,口气要和善,不要讽刺挖苦,更不要表示出恼怒之意。正确处理好打错的电话,有助于提升组织形象。

如果不得已在接听电话中有中断,需要向对方道歉,并征求其意见能否等候几分钟,继续通话之前应说"对不起,让您久等了"。

如果过程中线路中断,应等候来电方重拨过来,不要立即离开。

2. 打电话

步骤:拨出电话—自我介绍—确定对方并问候—说明电话事项—倾听对方意见—再次汇总确认—礼貌结束通话—对方挂机后再挂机。

拨打电话前,应该首先考虑对方何时接电话比较方便,尽量避开对方工作繁忙或者休息的时段,拨通之后应当礼貌地询问:您现在方便讲话吗?

拨打电话前,应当全面地思考,做足准备,明确对象、主题、要问的问题等,相关的资料也应该准备好,放在电话旁边,随时备用。

自报家门环节,要清晰正确,不要报只有自己知道的内部简称,更不要随意让对方猜。要先确定对方的身份,确认是自己要找的人之后再进行详细沟通,不能一上来就直奔主题。另外,整个过程中使用礼貌敬语。

3. 代接电话

基于秘书的岗位特色,很多时候,要帮上司或者同事代接电话。代接电话时应遵循四个原则。

(1) 记忆完整准确

一旦对方向你传递了相关信息,你就必须承担起代接电话者的责任,其中最重要的就是通过确认、记录等方式确保信息的准确和记忆的完整,推荐使用"5W1H"将信息的整个过程完整记录。所谓5W1H是指:When(何时)、Who(何人)、Where(何地)、What(何事)、Why(为什么)、How(如何进行)。在工作中这些资料都是十分重要的,不要断章取义,不要模棱两可,不准确的记忆很可能会影响事件达成,还得再次致电询问,既影响了效率,给大家带来麻烦,也给别人留下你不认真不职业的印象。

(2) 及时有效传达

"守时"是职场不变的第一法则,为了确保不误事,必须要做到第一时间及时有效地传达,通过面对面沟通、打电话、发邮件等合适的方式,确保对方收到。对方需要根据这个信息做出一系列动作，你的拖延会影响到他人。同时，不能随便写个纸条放桌上，以防纸条丢了导致信息没有传递到位。也不能直接简单地委托第三方传达。

（3）不要擅自做主

代接电话过程中，你的角色只是代接者，不要自作主张地代对方承诺，或者擅自代别人回复。不能回答"我想他应该没问题吧""我觉得可以"。正确的回答应该是："好的，您的意见我已经记录，我会转告给×××。""不好意思，现在暂时不能回复您，×××会尽快联系您的，感谢您的理解"。

（4）尊重他人隐私

在代别人接听电话的过程中，一定会接触到相关信息，请确保自己的职业操守，尊重他人隐私，不将这些信息作为茶余饭后的谈资，不传递给其他人员，不在背后议论，这样的秘书才会赢得别人的尊重。

(三) 特殊情况下电话处理方式

1. 为上司代接电话

接听和转达电话是每个秘书必定会遇到的事情，为上司代接电话如处理不好，不仅会影响事件的进程，还会给上司、来电者留下不好的印象，甚至造成更严重的后果。

所以秘书要真正成为上司的得力助手，对于此类电话必须有正确的判断、适宜的处理。

①首先要了解清楚来电者的身份及目的，不要对所有人都详尽告知上司的信息，要做好判断及正确的识别，并基于来电者身份提供适宜的回复。对于上司不在的理由，也要有选择地进行说明，没有必要向任何人详尽地告知，也不要随意给出"一直没见到""还未来上班""应该有什么事吧"等不恰当的描述。

②要根据来电者的述说，来判断事情的紧急和重要程度，以确定对应的解决方案。对紧急的诉求，要想办法尽快通报上司处理，不紧急的可先请对方留言，秘书做好记录稍后回电。

③务必做好来电记录。代上司接电话时，秘书的身份不是"传声筒"，也不是一般的接线员。不要直接告知上司不在，下次再打来，助理的作用就体现为接收和记录一些事件。一定要做好来电记录，重要的事情要将对方的意思复述一遍。

④上司有特别交代要拒接的电话。上司交代某段时间拒绝接听电话或拒绝接听某人电话时，建议秘书在不损及公司形象的原则上，依上司意思做权宜处理。必要时可以编织一些"美丽的小谎言"，以应付那些上司拒见的人员，或请对方先留言，稍后处理。总之应婉转地处理此类电话。

2. 推销电话处理

秘书经常会接到推销电话，对此类电话的处理，需要注意方式与技巧，否则有可能丢失将来的未知客户，造成损失。或者处理不当影响企业形象，带来更多的麻烦。

（1）识别推销电话

一般可通过对方的称呼、语气、讲述内容等识别推销电话。这要求秘书在工作中，保持敏锐度，以尽量做到快速地识别并处理，避免带来误差或影响工作。

（2）礼貌回复对方

接到推销电话时，大多数情况会回绝。但如何回绝，一定要注意三个要点：态度应礼貌而温和，不管接下来要说什么，都不应态度生硬、不耐烦；理由要合理得当，不要用可能引起争执的理由，尽量说出自己的实际困难。例如，"但目前我们不需要""抱歉，现在暂时帮不上忙""您的信息我已经全部了解，后续如果有需要，我会立即联系您，谢谢"等，语气要明确，一些秘书考虑到不好意思，就一直拖着，说得含混不清，这样会让对方无休止地继续。

3. 投诉电话处理

对投诉电话的处理，可以判断一个秘书的功底。投诉电话的处理礼仪核心就是：负责任、镇定、客观及得体。不要慌张，不要对立，通过耐心的倾听与安抚，以友善的态度表达歉意，并给予积极的响应，协助处理解决问题。

（1）一般处理投诉方法

①先向对方道歉：遇到投诉电话，秘书应尽量先向投诉人道歉，对来电者表示同情，努力化解投诉人心中的不满情绪，以柔克刚。并且告知对方一定会马上调查处理此事，切忌一味推卸责任。

②记录问题点：在道歉后，要让投诉人详细陈述问题，在对方诉说时，不要忘记记录问题点，将其投诉的重点问题迅速记录下来。如果投诉人一味地表达愤怒，没有详述问题，秘书应礼貌地提醒和告知。同时还应留下投诉人的联系方式，以便日后联系。

③跟踪处理投诉：应将投诉情况及时转达至相应责任人和部门处理，并及时跟踪进展，直至问题闭环。

（2）处理投诉电话注意点

①控制好自身情绪：很多投诉者情绪都会比较激动、火爆，秘书要表示充分的理解，特别注意控制好自身情绪，不要受到影响，否则就会有针锋相对的激烈争执，不利于问题解决，会把事情越弄越僵。

②不掩盖过失：秘书不要只顾维护自己公司和部门而掩盖过失，有责任有过失就要敢于承认，如果一味掩饰，会让投诉人感觉没有诚意，而引发更大的抱怨。

③不要规避责任急着把电话转接出去：尽量遵循首问责任制，秘书在接到投诉电话时，尽量在自己这一环节做好安抚和处理，如果又将电话转接给另外一个人，会拉长处理周期，导致投诉人更多的不满。

④做好安抚和同情：秘书一定要站在对方的立场上去思考，要时时处处体现同情心，这样会有利于事件解决，同时在日常工作中应注意对相关类型事情的积累，以便更有效地安抚与解决问题。

五、手机礼仪

如今,手机已成为每个人必不可少的随身工具,它集合了通信、办公、娱乐等多种功能。作为秘书,手机的使用频率非常高,在职场中一部手机可以折射出你的职场能力。因此一定要掌握手机礼仪,让手机成为自己的职场帮手,而不是减分利器,最终确保事件的高效达成,树立个人良好的形象,推动各方面关系的有效维护。

(一)规范与讲究

使用手机的主要目的是保证自己与外界的联络畅通无阻,所以手机礼仪规范性的首要关注点就是确保畅通。试想一下,当上司、客户急于联系秘书的时候,却发现关机或者不接听,或者说此号码已停机,不仅会耽误事情的正常处理,还会给对方非常不好的印象。

①秘书根据自己单位的工作性质确定开机时段,工作时间不能无故关机或转移,尽量确保 24 小时开机。

②随时保证工作时段电源充足,话费余额充足。

③若自己的手机变动了号码,应第一时间通报给重要的交往对象,免得双方的联系中断。

④工作时间不接听私人长话。应设置呼叫等待功能,以免错过重要来电,但在与上司、客户通电话的过程中,不能让对方等待。

⑤不得已离开或因其他原因有未接来电时,应尽早选择合适的时间拨回,并予以道歉。

⑥手机放置要得体规范,不要随意摆放,不使用的时候应该放在口袋或者包里;在与别人面对面时,最好不要把手机放在手里,也不要对着别人放置,这都会让对方感觉不舒服。而对于职场人士来说,最好也不要把手机挂在脖子上,这会让人觉得很不专业。

(二)文明与礼貌

手机最大的优势就是可以随时随地通话,这样就会在带给大家便利的同时自然也带来一些负面效果。常常会看到有人在办公室里声音很大地接听手机,或者在电梯里一边接电话一边哈哈大笑,说一些比较私人的事,旁若无人。这对周围同事而言是很大的打扰和影响,非常不文明。而秘书的职业形象塑造就是由许多个细节构成的,从拿起手机、使用手机到放下手机,都必须全流程确保文明与礼貌。

1.首先要注意场合

不同的场合也对秘书提出了不同的要求。公共场合,应该得体地保持肃静,不影响他人,手机狂响不止、当面通话等都是不遵守公德的表现;在办公室办公期间接听手机一定要控制音量,或者去办公室外等适宜地点,尽量少影响他人;在会议期间或重要的客人在场时,要把手机调成静音或转为振动,不要接听手机,也不要去查看和使用手机,以表明自己的投入和重视;电梯里不建议接听电话,保持安静是对其他人的尊重。

2.做到换位思考

拨打手机前首先应该想到这个时间段是否合适,除了休息时间,最好了解一下对方的作息习惯或固定不方便的时间段;手机拨通后,先问对方是否方便讲话,或者通过认真倾听判断一下对方所处的场合,而不是一开始就喋喋不休,如果对方不方便和你谈话,会感到尴尬和为难;打手机尽量清晰简洁和高效,不要长篇大论,耽误对方过长的时间。

3.关注和正确使用手机的其他功能

与对方短信交流是推荐使用的一个比较适宜的方式,但要注意发短信的时间,内容清晰完整、有礼节,称谓和署名都要齐全。对方一旦回复,有问必答,结束时客气地再见;对于手机的拍照功能,要慎重使用,禁止随意去拍摄对方或对方的场所,即使是对方同意的,相关照片也严禁随意转发;铃声和彩铃设置不要过于幼稚,要试想一下重要客户与主管听到后是否会对你产生不成熟、不职业的印象。

4.重视对方

不管什么原因,不能随意挂断电话。挂断电话是非常不礼貌的行为,必须确认结束后才可挂断。同时,如果因为对方原因中止通话,请耐心等候。

(三)安全与适宜

随着手机、互联网的普及与通信的发达,安全问题是必须全程关注的,有关的安全事项绝对不可马虎大意。在任何时候,都切不可妨碍自己或他人的安全。

1.识别时段与地点

根据常识,识别禁止使用手机的相关区域或时间段,并真正做到。如在加油站或是在医院停留期间,开启和使用手机有可能酿成火灾或影响医疗仪器设备的正常使用;乘坐客机时,必须自觉地关闭手机,因为手机所发出的电子信号,会干扰飞机的导航系统;在驾驶车辆时,不宜使用手机通话,这极有可能导致交通事故。此外,在一切标有文字或图示禁用手机的地方,均须遵守规定。

2.重视私密

通信自由,是受到法律保护的。通信属于个人私事和个人秘密,是其重要内容之一,使用手机时,对此亦应予以重视。不宜不负责任地随意将别人的手机号码告之其他人,或者无意泄露给第三方。出于自我保护和防止他人盗机、盗码等多方面的考虑,通常不宜随意将本人的手机借予他人使用,或是前往不正规的维修点对其进行检修。考虑到相同的原因,随意借用别人的手机也是不适当的。

3.做好备份

随时做好信息和通讯录备份,并谨防手机诈骗。通过手机交流时,一旦产生重要信息或过程结论,要通过其他渠道进行备存,并例行跟踪形成闭环;设置密码锁定,手机通讯录要随时整理、定期备份，相关隐私也要注意随时删除；特别对于手机诈骗要谨防，随时保持警惕。

六、差旅礼仪

因工作需要，秘书常常需要安排或陪同上司出差，参加研讨会、洽谈会等活动。差旅礼仪对秘书而言非常重要，它不仅体现了自身的素质、对他人的尊重，更重要的是直接影响到企业的业务开展以及客户的感知。

（一）差旅礼仪的原则

1. 安全至上

无论何时，安全是第一要素，出差过程中，要时刻注意并确保人身及财物安全。

2. 目标达成

出差承载着特定的任务和使命，在出差过程中，各项安排要时刻关注目标达成及进展，出差时不要处理私事，发生困难和遇到问题时要及时汇报，沟通解决。

3. 遵守规定

出差过程中除应遵守公司相关出差管理规定外，还应遵守出差地酒店、车站等相关规定及要求，了解并遵守当地的风俗习惯。

4. 细致周全

秘书需根据了解到的信息，做好出差确认及安排，确保出差安排准确、细致，否则有可能会影响出差目的的达成，严重时会造成企业和个人的人力、物力、财力损失。

5. 举止得体

出差过程中，个人的言行不仅体现了个人的素质，同时还映射出公司和主管的形象。所以在各种场合，都应当稳重自持，尊重对方，不卑不亢，落落大方。

（二）出差前的准备

1. 主动沟通，明确任务与目的

接到安排或陪同上司出差的任务时，秘书要主动向上司或相关人员了解出差目的、随行人员、目的地、往返时间、相关日程安排等信息，第一时间全面、系统地对信息进行主动摄取，不要被动地等着对方传递，也不要因了解得不完整而使后续行动出现差错。这样的主动性和专业性，可以体现出秘书本人的职业素养。同时在沟通信息时，注意沟通的态度和用语，做到友好、礼貌，维护得体的形象。

2. 高效、合理地安排出行及住宿

在选择出行方式和安排住宿时，要根据出差目的、出差时间、公司的要求、上司的习惯和喜好等综合考虑确定。

（1）适宜的选择

秘书在安排出行方式和住宿时，要形成自己的规则与判断，给出适宜的选择。飞机、高铁、动车、汽车等方式，没有绝对的标准。需根据出差任务的紧要程度、出差距离、出发及到达时间、成本费用、公司政策、天气情况、方便舒适性、准时性、安全性来权衡。对于住宿安排，则要从成本费用、便利性、住宿人喜好习惯等出发来进行安排。秘书要储备尽量多的资源，考虑各个方面，在条件允许的情况下，做出性价比最高的合理安排。

（2）提前预订

资源是有限的，秘书要有前瞻意识，周全地做好提前预订与准备。无故拖延或者疏忽忘记，都可能带来一些不良后果。如没有票了或者价钱提高了、选择的机会少了，这都属于秘书工作的失误，会产生不好的影响。所以一旦做了选择，沟通好了就立即预订，如临时不需要住宿，要提前致电取消。

3. 出差前的工作委托与出差计划

（1）出差知会

如果遇自己或上司出差，应将出差情况、工作委托、出差期间联系方式等及时知会日常周边相关工作联系人，以确保出差期间公司及各部门工作的有效开展。

（2）出差计划

根据出差的任务和行程，秘书应准备详细的行程计划表。内容包括：出差时间、地点、交通工具、住宿安排、日程及活动安排、注意事项（天气、时差、风俗等信息）等，提交并知会上司及相关人员，让其提前知悉，并做好准备。

4. 周密安排做好出差物品准备

（1）准备工作资料

协助上司收集或制作出差相关资料，如名片、交流材料、会面备忘、采访提纲等，保证细致周全、准确无误。

（2）准备商务礼品

主动与上司沟通礼品需求，并根据与对方秘书或接待人员日常沟通交流的信息，给出多样化礼品选择，并根据上司确定的最终方案及时采购到位。

（三）出差过程礼仪

1. 交通礼仪

（1）乘坐火车

在出差乘坐火车时应按照要求在指定的候车区有序等待，按工作人员要求排队检查，在车票上标示的座位就座，在相应的区域上下车，不占用公共空间，保持卫生，不过分喧哗、占座，做到不打扰、不影响他人。秘书在与上司一同乘坐火车时，如果随行人员较多，秘书一般不挨着上司坐。但是为了方便工作，秘书一般坐在上司的斜对面（或斜后座）。

（2）乘坐公共汽车、地铁

乘坐公共汽车和地铁时，要遵守秩序，先下后上，主动给老、弱、病、残、孕及其他需要帮助的乘客让座，保持车厢和站点卫生，不在车厢里大声通电话或与他人高声攀谈，以免影响其他乘客，下雨时雨伞或其他物品应收好，以免弄湿他人的衣服。不在地铁里吃早餐或零食，这样容易影响其他乘客。

秘书在与上司出行时更要注意自身的仪态，注意站姿和坐姿。站立时不要将双脚大大叉开，如果不能保持平衡，可以抓住扶手或吊环。注意不要将身体靠在竖立的扶手上，或是抱住它不放，坐在座位上时不要一副无精打采、自由散漫的姿势，双腿随意乱晃、跷二郎腿、把脚伸到走道上，都是很不文明的行为。

（3）乘坐出租车的礼仪

路边招停，以不影响公共交通为宜。上车时让年长者或女士先上；下车时年轻者或男士先下。礼貌地告知司机自己的目的地，坐车期间保持车内卫生，不在车内吃东西，以避免弄脏座套。不向车外吐痰、扔杂物，应将痰吐在纸巾里，下车时同其他杂物一起带走。到达目的地付款后，要对司机的服务表示感谢。秘书在与上司一起乘坐出租车时需要注意，要主动打开车门并用手示意，待上司和客人上车后再上车，关门时切忌用力过猛。一般情况下上司坐在司机后面，秘书坐在司机旁边。但是具体可根据实际情况，以方便工作为主，如果秘书要经常与上司商量一些问题，也可挨着上司坐。

（4）乘坐飞机

登机时依次而行，对号入座，不将超大行李和有异味的物品带上飞机。进入机舱后保持安静，尽快放好随身行李，保持通道畅通。放置行李时与其他乘客要互谅互让。飞机未停稳时不抢先打开行李舱取行李，以免行李掉落伤人。听从空中乘务员的要求，不喧哗及影响其他乘客。秘书在与上司一起乘坐飞机时需要提前向上司要证件，帮上司登机，根据上司喜好及情况，选择上司喜欢的座位位置。

2.住宿礼仪

（1）办理入住

办理住宿手续，应有礼貌地向服务台工作人员打招呼，耐心地回答服务台工作人员的询问，按旅馆的规章制度办理登记手续。办理宾馆入住手续后，秘书应了解上司的房间号码及电话。同时应把自己的房号告知上司，以便有事可以随时联系。秘书在宾馆期间如果需要外出，应事先征得上司的同意，做好知会。

（2）住宿文明

住进客房后应讲究卫生，保持安静，不要大声喧哗，不要将电视机的音量调得太大或长时间打电话，以免影响他人休息。若和其他人同住一室，应以礼相待，互相关照。住宿时要注意所在地的国情和风俗，尊重当地的习惯，如给服务人员小费等。

（3）待客文明

上司在出差时，经常会有在宾馆接待来访客人的需求，秘书应对住宿地点进行实地考察和了解，以便做好安排。一般安排在大厅或咖啡厅，不要安排在房间内。

（4）退房礼仪

退房前要简单整理房间，做好检查，带好自己的物品，按要求在规定时间内退房、结清费用并开取合格发票。

3.出差期间与上司沟通提醒礼仪

（1）秘书安排上司出差

①适时沟通。上司在出差过程中，秘书要对上司在本地涉及的工作、邮件、电话、来访记录做好整理及跟进，并选择合适的时间与上司沟通，特别注意在上司出差海外时，要关注时差，选择最适宜的时机进行沟通。

②快速响应。上司出差过程中，可能会有临时的需求和工作需要紧急处理。秘书要保持手机、电话、邮件等畅通，使上司能在第一时间联系到自己。

③及时调整。上司出差过程中，秘书要关注其行程，并与相关方保持联系，对于临时有冲突、变化的行程安排要及时调整。

（2）秘书随同上司出差

①适宜提醒。如秘书与上司一同出差，对于第二天的日程安排，应在前一天晚上与上司商量好或得到上司的确认，可提前设置清晨叫醒。

②灵活调整。如果上司出现疲劳等身体不适症状，应及时灵活调整日程安排。

4.参观及游览礼仪

在出差过程中常会有参观及游览的活动安排，在参观时注意根据参观的场合选择合适的着装，并准备好参观交流用的相关材料。参观过程中根据指引认真观看、认真听，如有问题及时提出，礼貌提问，认真做好记录，以备后续整理输出。

如有景点游览安排，应着合适的服装及舒适、便于行走的运动鞋等。建议化淡妆，让人感觉自然亲切。游览时如需问路，最好找工作人员礼貌询问并使用尊称，对于对方的回答应表示感谢。在拍照、录像时容易在选择角度和位置时与人发生冲突，此时应当相互谦让，耐心等待，按照先后次序进行。不要随意对不相识者拍照、摄像，必要时，先要取得对方应允，在海外对此尤需注意。

（四）出差后礼仪

1.出差报销

秘书应主动收集上司出差产生的票据，根据企业的报销制度及时报销。提前做好审核，确认报销符合公司的制度规定，确定报销无误。

2. 材料整理

出差结束后,秘书应主动收集整理出差材料,提供给上司参考备案。

3. 沟通反馈

秘书应主动与上司进行交流,了解其对出差安排的意见和反馈,以便后续优化调整。沟通时态度要诚恳,虚心接受上司的反馈意见。

4. 表达感谢

出差结束后应及时对出差过程中帮助自己的同事或相关人员表达感谢。建议如果条件允许,可根据情况适当带些出差地的特产或礼物等,送给需要感谢的同事及相关人员。

第四节 秘书的会议组织礼仪

现代企业经常要召集各种各样的会议,通过会议传递信息、宣传推广、协调解决问题、共享资源或激励士气等,最终达成提高管理水平的目的。无论是内部会议还是外部会议,作为上司的助手,会务工作是秘书工作的重要组成部分。高质量的会议组织,也能充分体现秘书的工作思路、方法以及高职业素养。秘书应当熟练理解并掌握会务礼仪,确保会务组织的流畅、规范、高效,以达到预期的效果。

一、会议组织礼仪的原则

(一)明确目标

目标的达成是衡量一个会议组织成功与否的关键要素,也是会议组织礼仪中最基本的原则。所以首先必须明确会议的目标是什么,并在过程中时刻关注各项工作是否紧密围绕目标来开展。如会议的目标是传递信息,就要确保每个与会人员对信息的理解到位。如会议的目标是协调解决问题,达成一致意见,就要确保每个与会人员充分发表意见,并最终形成结论,做好记录和发布等。

(二)职业规范

会议规范对会议成功召开有着至关重要的作用。为保证会议效果,一般通过制定会议纪律、会议制度等对与会人、组织人进行约束及要求。秘书组织会议时,要严格遵守和执行会议规范,以确保会议顺畅召开,会议目标圆满达成。

同时作为会议组织者,秘书还需要在会议的各个环节保持高度的职业化,根据会议要求着职业装,大方庄重,精神饱满,切忌不修边幅、邋里邋遢;举止和表情大方得体,保持微笑,使用文明礼貌用语;不喧哗,不扎堆;不当众奔跑,遇到突发事件不慌乱;对与会者的求助和咨询快速回应,落实首问责任制;共同维护大会纪律,维持各会场和工作室的整洁。

（三）细致周全

会议筹备包罗万象，是一个巨大的系统工作，小小的疏忽都可能会影响到会议的整体效果。这就需要会务秘书用心考虑，细致周全地准备，以做到在会议过程中有的放矢、游刃有余，快速有效地解决会议议题，实现会议目标。

要从会议主持人、与会人、召集人、组织人等多角度出发，假想会议全流程，关注每一个细节。要保持敏锐的思维和大局观，发现可能发生的问题要及时向负责人确认。同时要提前进行风险预估（如会议室座位紧张、临时新增与会人、会议设备出现故障等），拟定应对措施和备选方案。

二、会前筹备礼仪

会前筹备是否合理可行，直接关系到会议能否取得预期效果。秘书在会前准备时，要结合实际情况及要求，换位思考，关注与会人员感受，做到"丝丝入扣，万无一失"。

（一）会议时间及议程安排

1.会议时间确定

会议召开有明确的制度要求，在此基础上具体的时间要和与会人沟通后确定，尤其要关注重要的参与者和嘉宾，尽量避免时间冲突。

2.会议议程安排

应根据会议目的、内容等确定会议的时长及议程。安排会议议程时要注意以下几点。

（1）顺序正确

议程要进行合理排序，不要杂乱无章或随意安排。议题顺序一般根据重要性、内外部、主次、类别等综合确认。一般情况下重要的、急需解决的问题，要安排在前面，一般性问题可放在后面。因为会议前期人们的精力比较充沛，议事效率较高，把重要的、急需解决的问题放在前面，便于集中精力研究解决。有时虽然有些议题很重要，但议决的难度较大，也可按先易后难的原则，把它放在后面，而先议比较容易解决的问题，以提高议事效率。同时，要注意将同类性质的议题集中排列在一起，以便引起与会者的高度重视，起到强化、深化的作用，使会议讨论透彻。一些保密性强、涉及人员范围小的议题可放在最后，以便无关人员届时退席。这些都要求组织秘书对于背景和相关内容有清晰的了解，同时在会前进行周到细致的考虑及安排。

（2）数量适度

一次会议议程既不能安排过多，也不能太少。议程过多，会因与会人员精力和时间所限，导致议得不深不透，从而难以统一思想认识，议而不决，会使会议收不到应有的效果；议程太少，会议过于松散，浪费时间。如果事先收集到的议题太多，要经过初选进行删减、合并等，以确定适宜的数量；如果议题太少，可根据会议目的及近期关注的重点，进行补充安排。

（3）具体明确

议程的描述要具体明确、一目了然，既不要太细碎，又不要太笼统，要有适宜的颗粒度，让与会人员清晰地了解，并集中精力围绕议程开展相关活动，这样发言讨论才能抓住中心和重点，避免不着边际的离题万里。同时在呈现给与会者事先了解时，议程可以有一些背景的补充说明，方便与会者更进一步理解与深入。

（二）会议地点选择

会议地点是一场会议的基础硬件之一，一个与会议匹配度高的场地，无疑会为会议本身增色不少。选择会场时应考虑如下因素。

1. 匹配度

会议场地应与会议类型、级别、参与人数相匹配并符合公司的企业形象。同时选择的场地要能够帮助此次会议营造恰当的气氛，会场工作人员也要尽量做到给与会人员留下良好的印象。

2. 实用性

应在会议预算范围内，选择可容纳与会人数、环境好、满足使用要求的实用会场。会场的大小要适中，此外还要充分考虑会场的环境，如照明、通风、卫生、服务等。

3. 方便性

交通、住宿、就餐等附属设施的便利性也是在选择会场时需要考虑的。此外，停车场、休闲娱乐等附属设施也要在考察会议地点时予以考虑及确认。

4. 细节

会场选择还要结合会议性质考虑其安全性和私密度。同时要提前预约，以免冲突，并确认会议地点的网络、电话、传真设置以及复印机能否正常使用。外部会议要提前考察会议地点并详细了解旁边会议室的预订情况，尽量减少周边环境对会议的干扰。

（三）与会人员邀请

1. 名单准确

根据会议目的、内容、性质及安排，秘书可草拟与会人员名单，报领导审定。同时在发送邀请前要做好与会人员的再次确认和核对。

2. 人数适宜

参加会议人数的多少应根据会议内容、会议预期效果、会议场地条件而定。

3. 提前通知

与会名单确定后，秘书需提前通知与会者预留会议时间，便于他们提前做好安排和准备。如邀请重要人员，需要事先与对方沟通，确定出其席意愿和时间，并发出正式邀请函，必要时应视情况派人登门邀请，以体现对参会人员的重视和尊重。

（四）会议通知发送

会议通知是会议组织与服务工作的重要环节，是会议组织这一系统工程正常运转的前提和保障；制发会议通知要求规范、严谨、全面、细致，一旦出现差错，将会造成严重后果。

1. 会议通知发送礼仪关键点

（1）提前发送

会议召开时间一旦确定后就要及时发送会议通知，给与会人员留有准备的时间。

（2）人员准确

在发送时要检查与会人员名单是否准确，不要发送给无关人员。如有需要，还需要在会议通知发出后请与会者发回回执，并详细提供联系方式。

（3）内容详尽

会议通知内容要尽可能详尽，告知与会人员会议的详细情况。内容主要包括会议时间、地点、议题日程安排、会议材料提交要求、与会人员和所需其他准备等，以便与会人合理安排时间。

（4）做好提醒

发送会议通知后一定要注意与与会人确认，做好提醒工作。对于一些重要的会议和与会者，可提前几天或一天再次提醒，并可视情况多种方式结合（如邮件、短信、电话等）提醒，确保会议顺利召开。会议通知发送和提醒过程中要注意提醒的方式和频率，在确保提醒效果的同时，不要给与会人造成过多的困扰。

2. 常用会议通知形式

一般有书面通知、电话通知、邮件通知、当面通知、宣传栏张贴通知等几种形式。对于不同的会议要选择适宜的通知形式，必要时可多种方式结合，以保证通知和提醒效果。

（五）会议资料准备

会议资料准备是否准确充分也会在很大程度上影响会议质量及与会人对会议组织的感知。由于会议任务不同，所需资料也不尽相同。会议资料主要有：来宾资料（会议手册、分组名单、代表证等）、会务资料（会议议题材料及宣传）和沟通资料（通讯录、来宾登记表等）。

1. 材料准备

秘书应提前确认并准备好会议所用资料，在开会前进行核对检查，确保内容的准确。会议材料要尽量做到言简意赅，尽量用数字、图表说明问题，文字材料要便于阅读。如需要打印材料，要确认打印份数，并做好备份。对于敏感信息材料，要在发放前对会议材料进行编号，以便会后回收。

2.材料发放

根据会议性质的不同，会务材料可随会议通知或在会前提前发放给与会人。大型会议如来宾材料较多，可考虑为每位与会者准备资料袋，将会议手册、住宿就餐安排等装袋，并在会前发放到每个与会者手中。

三、会场环境布置礼仪

会场环境的布置需根据会议性质及规模的不同有所侧重。整体应遵循强化会议主题及勤俭节约的原则。会场环境布置主要包括会议整体布局、会议座次、设备安放及会场内装饰陈设等方面。作为会议对外的呈现，需要根据会议的性质及要求合理布置，为与会者提供一个适宜、舒适的会场环境。

（一）会场整体布局

一般而言，会场整体布局依会场的大小、形状，会议的需要、性质，与会人数的多少而定，以确保更好地达到会议效果。

秘书日常工作中常用到的会场整体布局形式主要有以下几种。

1.剧院式

剧院式会议场地最大限度地利用空间，可容纳的人数最多。适合的会议类型：讲座、论坛等人数较多的会议。

2.课桌式

课桌式也称教室式，特点是摆台灵活，方便与会者记录。适合的会议类型：讲座、论坛、新闻发布会等。

3.圆桌式

圆桌式体现出所有与会者地位平等。适合的会议类型：酒会或自助餐型等与饮食结合在一起的会议。

4.U形摆台

U形摆台一般适用于气氛轻松的会议，以便于自由发言。适合的会议类型：研讨会等。

5.鱼骨形

鱼骨形摆台会议，一般人数较少，与会者能够看到前方。适合的会议类型：研讨会和小组讨论结合的会议。

6.董事会椭圆形摆台

董事会椭圆形摆台，一般与会人按照主次落座。适合的会议类型：人数较少、档次较高的会议。

7.回字形

回字形容纳人数少,对空间有一定要求。适合的会议类型:小规模的会议、学术研讨会等。可增强与会人员之间的互动和交谈沟通,营造良好的会议气氛。

(二)会议座次安排

举行正式会议,通常要事先排定与会者,特别是重要身份者的具体座次。越是重要的会议,其座次安排越重要。

1.会议座次安排原则

安排座位时,应遵循以下原则。

①面门为上。面对门的是上座。有的会议室窗外风景很好,那么有良好视野的座位亦可为上座。

②居中为上。中央的座位排序高于两侧的座位。

③前排为上。有很多排座位时,前排的座位排序高于后排的座位。

④远门为上。远离房门的座位排序高于靠近房门的座位。

⑤以右为上。按国际惯例,靠右侧的座位排序高于左侧的座位。而按照中国传统习惯,则靠左侧座位排序高于靠右侧的座位。通常以国际惯例为准。

除此之外,一般在安排座位时要考虑与会者的角色、职级、就座习惯,同时突出主持人和发言人。

2.主席台座次

根据会议的规模和情况而定,一般大中型的会议与会者众多,规模较大,一般都需要分别设立主席台和观众席。在主席台上就座的为会议重要与会人,因此座次安排一定要提前做好人员人数及名单的确认,安排得当,否则会非常失礼,严重时甚至会影响本次会议的进程。大型会议的主席台通常要面门设置,实际操作时可结合会场布局等综合考虑。

(1)主席台座次安排基础礼仪

①主席台座位居中为上、以右为上(遵循国际惯例)、前排为上。若有多排,则以第一排为尊贵。第一排座位以中间为贵,一般由中间按左高右低顺序往两边排开,即第二领导坐在最高领导左侧,第三领导坐在最高领导右侧,以此类推。

②主席台人数为奇数。1号领导居中,2号领导在1号领导左手位置,3号领导在1号领导右手位置,依次排放。

③主席台人数为偶数。1、2号领导同时居中,2号领导在1号领导左手位置,3号领导在1号领导右手位置,依次排放。

(2)主席台安排的礼仪关注点

①不可留空位。主席台座位要按满座安排,不可留空位,除非此空位另有象征作用。若原定出席人因故不能来,应及时调整座次、名牌,防止主席台上出现名牌放错或领导空缺的现象。

②名牌安放。主席台必须排席次，放名牌，以便嘉宾对号入座，避免上台之后的互相谦让，也便于台下与会者和新闻采访人员辨认。要注意认真填写名牌，谨防错别字出现。会议组织人员要熟悉场内区域和座位安排，确保引导入座时，做到准确无误。

③方便就座。主席台座位台面上要清爽简洁，便于嘉宾打开文件做记录，翻讲话稿，放置茶水、眼镜等物。同时主席台位置之间、排与排之间不要排得太挤,应考虑方便出入座。

④话筒放置。发言席和主席台前排座位都应设专用话筒，以便发言者演讲和会议主持人或领导讲话。在主席台前排就座者合用两三个话筒，但一般放置于主要领导面前。

⑤主持人座位。会议主持人的座位安排可以有几种方式：一是居于前排正中央；二是居于前排的两侧；三是按其具体身份排座，但不应该就座在后排。

（3）主席台周边设置的礼仪关注点

①讲台。讲台应设于主席台前排右侧台口，不能放在台中央。讲台上主要放话筒，并可适当放上花卉，讲台桌面要便于发言者打开讲话稿或摆放相关材料。

②发言者席位。在正式会议上，发言者发言的时候不宜坐在原处。发言席的常规位置有二：一是主席团的正前方，二是主席台的右前方。

③嘉宾休息室。主席台的台侧与后台，可设主席台就座领导和与会者的休息室，以便他们候会。主席团成员开会，也可利用后台休息室。

3.场内座次

一般参加者较少、规模不大的会议，全体与会者都应排座，不用设立专用的主席台。

（1）会场内座位安排主要方式

①自由择座。就是不排定固定的具体座次，而由全体与会者完全自由地选择座位就座。

②面门设座。一般面对会议室正门的是会议主席座位。其他的与会者在其两侧自左而右依次就座。

③依景设座。即指会议主席的具体位置，不必面对会议室正门，而应当背依会议室之内的主要景致所在，如字画、讲台等。其他与会者的排座，则略同于前者。

（2）会议座次安排礼仪关注点

①与会领导与主持人、发言人要坐在所有与会人都能清楚看见的位置，且其位置要容易使用白板或投影等。

②负责记录人员的位置，要按照会议特点及记录的特定要求来安排确定。总的要求是选择光线明亮、能清晰地听到发言人讲话的地方。报告会、记者招待会，最好坐在主席台的右前方，这样坐便于看得见发言人的表情和手势，乃至在声音微弱时，也可以通过看口型把讲话内容速录下来，同时还可以把握整个会场的动态。如果是座谈会，一般应坐在主持人或召集人的身边。因为主持人对参加会议的人比较熟悉，记录人员可以随时询问发言人的姓名和单位等相关信息。

③列席人员，不是会议正式成员，他们虽然能发言，但没有决议权，一般坐在会议正式人员后方。

（3）常用会议座次安排

①横向或竖向。若横向，则对门为上座，应属于客方，背门为下座，属于主方。若竖向，则以进门方向为准，右侧为上，应属于客方，左侧为下，属于主方。双方首席代表各在己方一边中间位置就座，其余人员遵循右高左低原则，依照职位高低，自近而远分布在主谈人两侧就座。

②圆形。多边谈判一般采用圆形谈判桌，国际惯例称为"圆桌会议"，面门、离门最远为上座。

（4）会谈型会议

主要会谈人员同条型会议座次要求进行安排；随行人员不作为主要与会人，位置安排在主要与会人后方；工作人员席安排在靠近入口位置。

（5）会见型会议

一般离门最远为上座。对门为上座，应属于客方，背门为下座，属于主方。

（三）会议辅助设备安放

秘书应将计算机、音响、投影、灯光等会议辅助设备提前调试好并放置在合适的位置，同时在确保功能效果的同时，保持会场的整体美观和整洁。

1. 屏幕/投影

安放屏幕的位置、角度要合适，能清晰投影出影像的同时，要方便与会人观看。同时设备放置还要兼顾会议室整体环境的美观、整洁。提前调试好，确保会议过程中能随时启用。

2. 灯光

整体灯光应该柔和，亮度适宜，以便屏幕上的画面能够清晰，但也不能太暗，否则观众无法记笔记。

3. 音响

音响运作正常，音量适中，保证不同区域的与会者既能听清，又觉得舒服。

4. 话筒

常用话筒类型主要有微型话筒、手持话筒、固定于桌面的话筒、落地式话筒等。会议过程中，要根据情况选择适宜的话筒，同时确保收音效果，无杂音，无啸叫，电量充足。

5. 其他

还可以根据需要选择白板、复印机、打印机等，以备不时之需。

（四）会场气氛营造

会场气氛直接影响到与会者的情绪，从而关系到会议的整体效果。一场成功的会议离不开符合会议主题的气氛营造。

1. 会场氛围营造注意点

①符合公司形象。

②契合会议主题及规模。

③方案得当适宜。

④考虑费用成本。

2. 会场氛围营造入手点

（1）会标

会标是将会议的全称以醒目的标语形式悬挂于主席台前上方，会标能体现会议的庄严性，激发与会者的积极参与感。

（2）标语

会议标语应简洁，具有鼓动力和号召力。这样才能更好地烘托会议的主题，渲染会议气氛，振奋与会者精神。

（3）会徽

会徽是体现或象征会议精神的图案性标志。一般有两种：一种是以组织的徽标为会徽，如党徽、国徽等；另一种是向社会征集或自主设计，以最能体现或象征会议精神的图案作会徽。会徽对与会者有强烈的感染和激励作用。

（4）灯光

不同强弱、明暗、色彩的灯光，会为会场营造出不同的效果。可根据会议主题、会议需要、会议风格等来调整灯光。

（5）植物

适量的植物，能点缀会场气氛，为会场增加生机。同时适量的新鲜植物，能为与会者减轻疲劳感。

（6）色彩

色彩与色调能使人产生不同的心理感受。如红、橙、黄等颜色给人以热烈、辉煌、兴奋的感觉；青、绿、蓝等颜色给人以清爽、娴静的感觉。经验表明，时间较长的会议，可用绿色、蓝色的窗帘，布置绿色、红色的花草、树木等。表彰庆祝大会、代表大会等，会场的色调布置要鲜亮、醒目一些，以显示热烈、庄严、喜庆的气氛。

四、会中组织礼仪

会议的成功与否，关键在于会中的组织。作为会务秘书，掌握会中组织相关礼仪尤为重要。会中组织礼仪包括：会前检查、组织签到、来宾接待、信息传递、会议记录、会议中相关服务等。

（一）会前确认清单

会务秘书要提前确认会前筹备的各项工作准确无误，包括会议时间、地点、议程安排、与会人员的通知等。

（二）会务签到组织

会务签到通常包括迎宾、签到登记、交费、领取会议资料和各种票证等。目的是及时了解到会人数和参会率，为后续的会务分析做好信息储备，给与会者严谨规范的会务感知。特别是对于各类有选举、表决内容的法定性会议尤为重要，它关系到是否达到法定人数、选举、表决结果是否有效的问题。

1. 签到组织关键点

（1）确保签到效率

要根据会议的特点、来宾的情况、希望达到的效果以及预算情况进行综合比对，选择适宜的签到方案。节约签到时间，提高与会人员的入会、统计、识别效率。

（2）签到准备充分

签到处位置应明显，应在周围设立标示牌，方便与会人查找。同时提前准备好充足的签到用品（如签到表、笔、刷卡机等）。

（3）关注与会人感知

负责签到的工作人员要着职业装，提前到岗准备，在签到过程中微笑沟通，主动热情引导与会人员完成签到工作。

（4）灵活应变

除了在设计签到方案时考虑周全，提前预估风险准备应急方案外，在遇到紧急突发状况时也要灵活处理。如实际来者非与会名单中的参会者，这时要根据前期的会务要求做好协商解决，必要时可与会务召集人沟通。但注意过程中不要冷落与会者，可请其先在休息室等候待确认结果等。要既高效地完成签到，又给与会者良好的感知。

2. 常用签到方式

会议签到方式应事先规划好，常用的会议签到方式主要有以下几种。

（1）簿式签到

与会人员在会议工作人员预先备好的签到簿上按要求签署自己的姓名，表示到会。签到簿上的内容一般有姓名、职务、所代表的单位等，与会人员必须逐项填写，不得遗漏。簿式签到的优点是利于保存，便于查找。缺点是这种方法只适用于小型会议，一些大型会议，参加会议的人数很多，采用簿式签到不太方便。

（2）证卡签到

会议工作人员将印好的签证卡事先发给每位与会人员，签证卡上一般印有会议的名称、日期、座次号、编号等。与会人员在签证卡上写好自己的姓名，进入会场时，将签证递交给会议工作人员，表示到会。其优点是比较方便，避免临开会时签到造成拥挤。缺点是不便保存查找。证卡签到多用于大中型会议。

（3）会议工作人员代为签到

会议工作人员事先制作好参加本次会议的花名册，开会时，来一人就在该人名单后做好标记表示到会，缺席和请假人员也要用规定的标记表示。例如：用"∨"表示到会，用"×"表示缺席，用"○"表示请假等。其优点是较简便易行，但要求会议工作人员必须认识绝大部分与会人员，所以这种方法只适宜于小型会议和一些常规性会议，对于大型会议则不适宜。

（4）座次表签到

会议工作人员按照会议模型，事先制定好座次表，座次表上每个座位按要求填上合适的与会人员姓名和座位号码。参加会议的人员到会时，就在座次表上销号，表示出席。与会人员座次安排要求有一定规律，如从×号到×号是某部门代表座位，将同一部门的与会人员集中在一起，便于与会者查找自己的座次号。采用座次表签到，参加会议的人员在签到时就知道了自己的座次号，可起到引导的效果。

（5）计算机签到

计算机签到快速、准确、简便，参加会议的人员进入会场时，只要把特制的卡片放到签到机内，签到机就将与会人员的姓名、号码传到中心，与会者的签到手续就在几秒钟内完成，将签到卡退还本人。参加会议人员到会结果由计算机准确、迅速地显示出来。计算机签到快速、准确、简便，一些大型会议都采用计算机签到。

（三）会议来宾接待

与会人对会议环境相对陌生，需根据会议的重要程度、规模，与会人的重要性、特殊性，安排专人负责会议的迎送、引导、陪同工作。通过细致周到、热情有礼的接待可以让与会人尽快适应会议环境，加深与会人对会议组织的良好感知。会议来宾接待关键点如下。

1. 确定迎送规格

通常遵循身份相当的原则，即主要迎送人与主宾身份相当。当不可能完全对等时，可灵活变通，由职位相当的人或由副职出面。其他迎送人员不宜过多。

2. 掌握迎送时间

准确掌握来宾到达和离开的时间和方式，及早通知相关迎送人员。如有变化，应及时通知有关人员。迎送人员应提前到达迎送地点，切记不能迟到。

3. 区分迎接方式

对大批与会人的迎接，可事先准备特定的标志，让客人从远处即可看清；对首次前来又不认识的与会人，应主动打招呼，并自我介绍；而对比较熟悉的客人则不必介绍，仅向前握手，互致问候即可。关注特殊群体重要与会人员，如贵宾，老、弱、病、残、孕人士，少数民族、宗教人士、海外华人和外国友人等。如有需要，以便进行重点照顾。主动照顾年老体弱者入座、站立、投票、上卫生间等。

4. 预留休整时间

客人抵达住处后，不要马上开始会议，要给对方留有一定的休整时间。重要领导可先考虑安排至休息室，由专门领导亲自作陪，会议开始前几分钟再引导至主席台就座。

（四）会议过程中信息传递

会议是一个动态进行过程，会议过程中信息的传递非常重要。会场内信息传递、共享和会场内外信息互通，均需要提前制订传递计划与方案。安排专人接口，确保信息传递的及时、高效，不影响会议的顺畅进行。

1. 会场内信息传递、共享

会场内信息传递主要是指会议过程中，会场内与会议主题相关的讨论及信息的传递和共享，如小组讨论和发言环节等。作为会务秘书，在信息传递中要做到主动、积极、灵活，如话筒的及时传递、材料的及时共享等。

2. 会场内外信息互通

会场内外信息互通，主要指会场内相关信息及时传达至会场外。如遇会场内空调温度有问题、会场内临时新增需求等状况，迅速及时的沟通和传递可在很大程度上保证良好的会议效果。

（五）食、宿、行安排

1. 基本原则

食、宿、行的安排会让会务的复杂性增强，也容易造成疏忽和遗漏，需要安排专人负责接口，并周密考虑，总体上必须掌握四条基本原则。

（1）遵守公司规定

会议期间食、宿、行安排的标准要严格遵守公司、部门或大会的规定，整个导向要一致，相应的标准与档次不能超出标准要求。

（2）确保健康和安全

来宾的健康和安全是整体安排的大前提，要充分重视，周全考虑，在此基础上做出相应的安排。

（3）平衡效果与成本的性价比

会议住宿、用餐及出行车辆安排，应尽可能满足与会人员要求，打造"宾至如归"的感觉，同时考虑成本因素，在预算范围内给出性价比最高的优质方案。

（4）尊重来宾风俗习惯

应提前了解来宾的生活习惯、风俗、特殊要求等，做相应的住宿和用餐安排。

2. 住宿安排礼仪

根据来宾的身份、人数、性别、年龄、身体状况、生活习惯和工作需要等合理安排住宿。选择符合经费预算，且具有良好的接待能力、交通便利、安全的住宿地点，并提前为来宾做好预订。同时还应考虑以下因素。

①安排房间时要考虑来宾的职位及身份，选择合适的房间；对年老、体弱、病、残疾者，可考虑安排在更安静或者低层离服务台较近的地方。

②可将同一单位或同时离开的会议人员集中安排,既可节约成本,又便于协调房间。

③会议主要参加者的陪同及随行人员,要尽量安排在会议主要人员的附近房间。

④大会服务人员的房间,尽量安排在靠近入口或楼梯的地方,便于参会者联络。

⑤视来宾情况可在房间里准备适量的水果和鲜花。若是大型会议,可提前在房间内放置会议流程和公司简介等。

⑥如有需要,接待人员可要求宾馆提供"早上叫醒"服务,以免延误时间。如果来宾迟到,接待人员应拨打房间电话,向来宾询问情况,切忌直接到对方房间敲门。

3.餐饮安排礼仪

①用餐地点选择。会议用餐地点应尽量离会场近些,方便与会人用餐;还要考虑大小、环境、价格等因素。

②用餐形式。会议用餐形式主要有围餐式、自助式、半自助式、分餐式、餐券购餐。具体安排应根据会议的实际情况及要求进行,一般情况下会议用餐安排为:早餐安排自助式;午餐安排工作餐、自助式或半自助式;晚餐安排围餐式。

③尊重来宾。用餐安排要尊重来宾的饮食习惯,特别是对于外籍、少数民族、有特殊信仰的群体,要照顾其特殊用餐要求。

④节俭适度。菜肴的数量应坚持适中原则,根据用餐人数确定;花色品种可保持多样化,荤素、咸甜、凉热等品种可考虑多样化。同时,一般早餐和午餐不提供酒类,晚上可为参会人员适当提供酒类,酒类安排应以有利于身体健康的啤酒、葡萄酒、中低度白酒为主。

⑤灵活应变。要根据会议时间进行灵活应变及调整,注意与供餐机构随时沟通与协调。如上午会议比原计划推迟结束,导致午餐时间相应推迟,这时就需要及时知会酒店进行调整和安排。

4.会议用车安排礼仪

会议期间,会议用车也要考虑自身实际情况和与会者情况妥善安排,确保会议的正常召开,方便与会人出行。用车安排要注意以下几点。

①在预算范围内安排合适、安全的车辆接送,确保安全性。

②与来宾确认好接送时间,提前做好安排,不耽误来宾出行及与会。

③安排多人乘车时,需要考虑车辆座次。

(六)会议纪要

会议纪要是对会议过程的全面记录,是会议精神传达、决议传递的凭证及基础。一般有录像、录音、笔录三种形式。在会议过程中,秘书可根据会议类型及要求选择合适的记录形式,认真做好会议纪要,必要时也可以多形式结合。负责会议纪要的秘书要注意以下几个方面。

1.纪要类型

不同类型的会议对于会议纪要的要求也是不同的,如决策类会议,只需要记录决策点和相关结论即可;管理研讨会,需要记录管理要点、遗留问题及责任人;领导座谈会,则需要原汁原味地记录,并加以提炼和发布。具体采用哪一种,需根据会议的性质、要求等来决定。总体输出都要正确属实、完整、简洁、清晰。

2.纪要的组成部分

会议纪要要确保信息的全面、准确和翔实,一般分标题、正文、落款三部分。

(1)标题

会议纪要的标题一般由会议名称和文种两项构成。

(2)正文

正文包括前言、主体、结尾三项内容。

①前言概括交代会议的名称、时间、地点、参加人、主持人、会期、形式等组织情况,说明主要议题。

②主体是会议纪要的核心内容,主要反映会议情况和会议结果。写作时要注意紧紧围绕中心议题,把会议的基本精神,特别是会议形成的决定、决议准确地概述清楚。

③结尾即会议纪要的结束语,一般是向收文单位提出希望和要求,有的会议纪要没有结尾部分,主体内容写完,全文就结束。

(3)落款

落款包括署名和时间两项内容。

3.纪要秘书在会议中的关注点

(1)所坐位置

一般来说纪要秘书不能坐得太靠前,喧宾夺主;也不能太靠后,隐而不现。应坐在台下会场两侧,能听清发言内容,观察会场全貌。例行工作会议、办公会议,记录文秘应坐在主持人身后或身旁,以便不太清楚时寻求一些帮助。有些会议,纪要人员位置由主持人临时指定,因此文秘人员要注意自己在不同会议中的位置,不能乱坐。

(2)集中注意力

纪要人员注意力必须保持高度集中,这样才能确保会议纪要的全面、准确和清晰。切忌残缺不全、断章取义、马马虎虎或纪要人员主观发挥,误解发言人本意。

(3)及时输出

会议纪要一般要求在会议结束后三个工作日内发布。但具体要根据会议的性质和要求,注意要预留给领导审核和修改的时间。

(七)会议期间茶水及饮料服务

开会前根据季节、环境、与会者的偏好等选好合适的茶水及饮料。并在会中提供得体、大方的茶水服务,既不影响会议进程,也能给与会者良好的感知。

①倒水的顺序：开会倒水，从右边开始，先给领导倒，然后按顺时针顺序逐一进行。

②倒水时不要挡住别人的视线，要从客人背后倒水。

③水不要加得太满，以杯子的七八分满为宜。

④倒水时要注意脚步声和动作轻缓、稳重，不要分散与会者的注意力。

⑤续水一般在活动进行 15~20 分钟后进行，要随时观察会场用水情况，掌握好时机和频率，随机应变，灵活运用。

⑥续水时壶口要对准杯口，不要把壶口提得过高，以免水溅出杯外。如不小心把水洒在桌上或茶几上，要及时擦去。

⑦续水时要端起茶杯，不要直接往杯中倒水。续完水后要把杯盖盖上，切不可把杯盖扣放在桌面或茶几上，这样既不卫生，也不礼貌。

五、会后收尾礼仪

会议结束阶段的工作，关系到整个会务组织工作能否圆满成功。完美的会后工作礼仪，会让整体会议工作加分不少。

（一）协助返程

会议主办方应尽可能为与会者的返程提供便利，根据会议安排及与会者的要求，主动积极为与会人联络、提供交通工具及相关信息，协助对方返程。必要时安排专人进行接口送行。

（二）清理会场

①会议结束后，要及时回收、清理会议材料，注意保密，并做好销毁处理。

②及时归还借用的设备和物品。

③工作人员清理会议室，使会议室恢复原貌。

④发现有与会者遗忘的物品，应及时通知本人，尽快归还原主。

（三）结算费用

会议结束后，秘书人员应及时做好会务相关费用的结算工作。按照会前领导审定的会议预算及实际发生的费用情况，向领导汇报确认后启动报销工作。在此过程中要注意操作的规范，严格遵守公司财务制度进行付款，开具合格的票据。

（四）整理记录

会议结束后应安排专人对会议相关文件、照片、音像资料进行收集和整理。并根据要求输出会议纪要，形成阶段性的决议，落实到纸面上。还应该由专人负责相关事务的跟进，确保会议效果。

（五）会议总结与效果评估

会议结束后要及时对会议效果进行评估，总结经验教训，便于后续类似会议组织的借鉴和参考。

六、会议组织关键角色礼仪

（一）会议主持人礼仪

会议的主持人一般需由具有一定职位的人来担任，其是整个会议的焦点，其礼仪表现对会议能否圆满成功有着重要的影响。

1. 注意形象和仪态

①主持人应着职业正装，整洁大方庄重，精神饱满。切忌不修边幅，穿着不合时宜。

②站立主持时，应双腿并拢，腰背挺直。单手持稿时，右手持稿的底中部，左手五指并拢自然下垂；双手持稿时，应与胸齐高。

③坐姿主持时，应身体挺直，双臂前伸，两手轻按于桌沿。主持过程中，切忌出现挠头、揉眼、抖腿等不雅动作。

2. 语言得体适宜

主持人要口齿清楚、思维敏捷，言语要得体适宜、简明扼要，符合会议的风格，不作秀，不随意发挥。同时要注意灵活应变，既能适时调节会议气氛，也不哗众取宠。

3. 掌控会议进程

主持人应根据会议计划，引导会议进程，掌握控制会议时间。做好议题之间的总结及引导，确保会议的紧凑高效。

（二）发言者礼仪

会议发言一般有正式发言和自由发言两种。

正式发言者应衣冠整洁，走上主席台时步态自然，刚劲有力。在发言之前，应面带微笑环顾会场。发言时应使用普通话，口齿清晰，讲究逻辑，简明扼要，并掌握好讲话的节奏。如果是书面发言，要时常抬头扫视会场，不能只顾低头念稿，旁若无人。发言完毕，应对听众致谢。

自由发言要讲究顺序和秩序，不能争抢发言。发言前要先做自我介绍。发言应简明扼要、观点明确，有不同意见要以理服人，态度平和，不超时，听从主持人安排。

第五节　秘书的接待与拜访礼仪

秘书是企业形象展示的第一窗口，通常情况下客人与企业初次接触的对象，就是秘书人员。无论是接待还是拜访，秘书能给对方留下美好的印象，是促成双方良好合作的催化剂。

客户会从秘书在接待或拜访的过程中所表现出的态度、举止、言辞，来看企业整体管理水平及文化传承的深度，并判断该企业是否为值得信赖的合作伙伴。因此，秘书应掌握接待与拜访中的各种礼仪，为企业的发展做出一份努力，并为秘书职场生涯积累礼仪经验。

一、秘书接待礼仪

秘书在企业中处于上下、左右、内外综合沟通的枢纽地位，会经常接待大量到本企业访问和办事的各方人员，秘书在处理这类接待工作时的礼仪表现，不仅能体现出秘书本身的素质、能力和水平，也能反映出企业的工作作风和外在形象。接待工作，是秘书日常重要工作之一。

（一）接待工作类型

对于到访企业的客人，秘书要提前调查并要清楚对方来访的目的、对方的身份以及确定接待规模，这些会因客人的不同而有所区别。

1. 按来宾的到访意图分

根据来宾所到访的目的，接待工作可以分为公务接待、会议接待、视察与检查接待、参观接待、经营活动接待、技术考察接待和其他接待。

2. 按来访的对象分

按照接待对象的不同，可以把接待工作分为外宾接待和内宾接待。内宾接待又可以分为对上级单位来人的接待、对平行单位来人的接待、对下属单位来人的接待；外宾接待可以分为对媒体来人的接待、对合作方来人的接待等。

3. 按准备程度分

按照准备程度来分，接待工作分为有约接待和无约接待。

①有约接待是指客人在来访之前已经事先预约，秘书根据与其沟通的内容，将其列入领导的工作日程中，且进行相关的准备工作。

②无约接待是指客人因各种原因，没有经过正常流程进行预约，突然到访。秘书要特别关注该类型的接待工作，因为这种突然无预约的到访往往会打扰领导正常的工作安排，甚至浪费领导的精力和时间。这需要秘书具有较强的灵活性，为领导进行妥当的处理。

（二）接待过程中遵守的礼仪原则

接待工作的最终目的是促成双方良性的合作关系，因此秘书要展现出合乎规范的接待礼仪，表达出对对方的尊重、认可与重视。通常接待礼仪有三点原则可遵循。

1. 礼貌与热情的原则

在接待过程中，礼貌和热情是最基本的要求。首先是给客人的第一感觉，一个面带微笑使用敬语的秘书，自然让对方觉得被尊重，拉近了彼此的距离；而一个态度傲慢的秘书，对待客人表现冷淡，甚至对登门拜访的客户置之不理，立即让人感受很差，甚至想要离开。这两者之间的差距，就是礼貌和礼节的魅力所在。

同时，接待过程也是比较复杂的，如遇到客人的求助或者棘手问题时，是站在自己的立场，迅速解决问题，还是第一时间把问题抛出去转给其他人呢。例如，客户想在开会酒店的附近安排个聚餐，咨询秘书关于周边餐馆的信息。不管是直接回复"我也不太清楚"，还是让他拨打114或者通过网页查询，显然都非常不妥当。客户显性需求和隐性需求必然存在，秘书需具备内在的热情，贯彻"首问责任制"，即无论事情的大小，凡是第一个问到自己这里的，均应以热情的态度去帮助客户处理，直到问题闭环。一个热情的秘书会处处替客户着想，尽自己所能满足客户的需求，还会把主动、周到、责任心传递给对方。

2. 务实与周全的原则

接待工作既要重视程序和礼仪，还需要强调务实。所谓务实，就是为客人切实解决问题。一般来说，接待工作要提倡节约节俭、务求实效的精神，切勿讲排场、摆阔气，要把主要精力放到实实在在解决问题上。若过于讲究排场、铺张浪费，会给客户留下摆阔、浮躁的印象，反而起到负面的效果。所以秘书应把握好"度"，要根据对象的不同，合理安排接待工作。这需要秘书对企业文化、领导作风、客户背景等有深入的理解。抓好这个"度"，秘书就能做好接待工作。

通常接待工作中的一个小差错，很有可能影响整体效果。为了保障各环节不出差错，秘书在此过程中要关注以下三个环节：①前期的准备工作；②现场的监控工作；③结束的收尾工作。秘书应对每一个环节进行严格把控，进行风险预估，周全处理遇到的棘手问题。例如，在接待之前，要提前安排好客户乘车的座位，了解到客户用餐是否有忌口，策划好客户的活动等，这些方面贯彻在了这三个环节中。

3. 效率与安全

接待过程中的效率是秘书不能忽视的，包括流程设置的合理性、环节安排的紧凑性，以及实施过程中的顺畅性。不仅仅是考虑自身接待工作的高效，客户的时间也是很宝贵的资源。

同时，"切实保障安全"是接待工作的先决条件，包括住宿安全、交通安全、饮食安全、人身安全等。如果条件许可，建议秘书与保卫部共同策划，采取严格的防范措施，确保接待工作的顺利开展。例如，秘书在安排客户娱乐活动的时候，一定要考虑娱乐环境和娱乐项目的安全性，切勿安排较为危险的项目。对于刺激性较大的娱乐项目，如滑雪、蹦极等，均需与领导详细沟通，并事先了解客户对该项目的态度和能够接受的心理范围、身体条件等，一定要特别谨慎。

（三）秘书在接待工作中的注意事项

在接待过程中，秘书应注意自己的一言一行，关注每一个细节，尽量避免因小失误给客户带来不良的印象。秘书应保持"3S"原则：

①站立，起身迎接客人——Standing。不管客人的年龄和辈分怎样，在对方刚刚到达时，秘书都应站立起来，以此方式表示欢迎对方、尊重客户；

②目中有人，聚精会神——See。在交流过程中，秘书应正视客人，让客人感觉到自己被重视，有人在倾听他的发言，而不是被忽视；

③面带微笑——Smile。微笑是世界上最好的沟通方式，是最温暖自然的语言。但有一种情况要注意，如果客户讲到什么悲惨的事件，这个时候秘书不能只是一味地微笑，以免被客户误认为是嘲笑或讽刺。

总之，秘书应善于观察，保持敏感度，热情用心地接待客户。秘书在培养"3S"原则的同时，还有一些注意事项需要关注。

①秘书在接待时服饰应整洁、端庄、得体、高雅；避免佩戴过于夸张或有碍工作的饰物，化妆应尽量淡雅。

②秘书对来访者，一般应从座位上起身握手相迎。对上级、长者、客户的到访，应起身并上前去迎候。如果秘书坐在椅子上，对客户的到访漠然不问，也不站起来表示欢迎，会让客人感到被忽视。

③如果来访者是预先约定好的重要客人，秘书则应根据来访者的地位、身份等，来安排好具体的接待规格和程序。

④对来访者所提出的问题或建议，秘书不要轻率表态，应思考后再做答复。对一时不能做出回答的，切不可随意回答，以免回答不准确让客户误会。这时候，秘书应将相关问题做简短的记录，并与客户约好一个时间再联系，给予准确的答复。

⑤不能让来访者坐冷板凳。如果秘书因手边刚好有非常紧急的事务需要处理，暂时不能接待来访者，应立即安排让其他相关人员进行接待。切记不能把客户冷落到一边，不闻不问。

⑥秘书要认真倾听客户的叙述。公务往来是"无事不登三宝殿"，来访者都是为了谈某些事情而来，秘书应让来访者把到访事由说清楚，认真倾听对方的目的，从而才能判别如何处理好对方的诉求。

⑦秘书应当以客人为中心，不能当着客人的面与同事谈天说地或谈笑风生。这样极易让客户产生不被重视、不被尊重的感觉，认为企业员工的作风过于随便。

⑧秘书应避免询问客户的个人隐私问题，如年龄、家庭住址、婚姻状况、工资收入等。

(四)秘书接待工作的三个环节

前面我们说到接待工作中的三个环节。其中第一个环节是前期的准备工作,该环节是三个环节中最重要的。试想,若秘书在前期没有对客户进行调查,没有筹划好接待的具体流程,后面的实施过程必然会遇到各种各样的问题。下面我们来具体看看接待工作三个环节的相关内容。

1.明确接待任务与了解客人的基本情况

接待工作是从接收任务开始的,秘书应与领导明确本次接待工作的性质、规模、目的等基本情况,并提前收集、了解客户的基本信息。对于前来参观访问、洽谈业务、参加会议的外国或外地人,首先要了解清楚来宾的所在单位、姓名、性别、职务、级别、一行人数,以及到达的日期和地点,再进行合理的安排。具体包括以下内容。

①客人的企业单位及其性质、背景等。
②客人本次到访的目的与要求。
③到访者的数量、性别、大致年龄、具体姓名、职位等基本信息。
④客人的国籍、民族、宗教信仰等。
⑤客人的特殊兴趣爱好、忌口菜肴等。
⑥客人的到访路线、交通工具和抵达、离开的具体时间。
⑦客人的住宿安排,对房间的特殊要求,如浴室、方位等。
⑧客人的其他要求,或其他需协助的地方。

2.制订接待方案

在掌握到客户基本信息及接待规模后,秘书要拟定接待方案。接待方案,即接待预案,一般包括接待规格、接待方针、筹备组织的分工、陪同人员和迎送人员的名单、食宿地点、交通工具、活动方式及日程安排、接待预算、接待中紧急事件的处理预案等。总体来说,大致分为接待规格、接待日程安排、接待经费预算这三大方面。

(1)接待规格

针对不同的客户,秘书应采用不同的接待规格。接待规格大致可以分为三种:
①同等接待。即陪同人员与客人职务、级别大体一样,大部分接待都是同等接待。
②高规格接待。即陪同人员比客人职务要高,适用于比较重要的接待。
③低规格接待。即陪同人员比客人职务要低,主要适用于基层。

(2)接待日程安排

秘书应对日程安排进行定制化,以周到为准则,对客户的食宿、活动或浏览的行程、整个接待过程的注意事项等进行合理安排,确保周全细致。特别要注意接待各项安排在时间上的节奏,上一项活动与下一项活动之间既不能冲突,又不能间隔太长,以免让客户觉得身体疲惫,或者过于松散。应合理分配整个接待流程,做到平衡,让客户觉得心情愉悦。

（3）接待经费预算

秘书还应提前做好预算工作，这点对企业非常重要。运用合理的预算达到效果最大化，为企业节约开支，这是秘书职业能力的重要体现。预算一般包括客户食宿安排、客户活动安排、客户礼品采购等。秘书应用最合理的开支，达到客户最好的感知，体现出企业的实力。

3.落实接待方案

不同的客户接待方案各有不同，规模与内容也各有侧重。现在将一些共同环节进行简单介绍，具体场景下秘书可自行删减，落实接待方案。

（1）迎接客人

从与客人见面开始，接待工作实施阶段正式启动。秘书应提前到达车站或机场迎接客户，并陪同客户乘坐提前准备好的交通工具，到达安排好的地点。秘书不能迟到，让客人久等是非常不礼貌的。接到客人后，应首先问候"一路辛苦了""欢迎您来到我们这个美丽的城市""欢迎您来到我们公司"等，并向对方进行自我介绍。如果有名片，可送予对方。

（2）安排食宿

客人到达后，秘书应把客人送到事先预订好的酒店，帮客人办理好入住手续，并将客人领进房间。同时向客人介绍酒店的服务、设施、就餐时间和地点，以及周边环境和景点。对重要客人应安排专人全程陪同。

（3）协商日程

秘书在接触到客户后，可以进一步确认来访者的意图，进而知悉客户更详细的要求，并共同商议活动的内容和具体日程。若客户对这些有自己的想法和建议，秘书应及时调整方案，并通知相关部门做好变化后的准备工作。

（4）组织活动

根据接待方案，秘书应精心组织各项活动，根据需求全程陪同或者安排好人员陪同。如来访者洽谈业务，可提前做好洽谈会务的准备工作，将相关材料、会场设备、茶歇等提前在会议室安排好。如来访者要参观企业，秘书需安排交通工具和陪同人员，将参观路线提前进行设定，提醒解说人员熟悉介绍词。如安排客户和领导进行休闲活动，需关注活动现场的安全性问题，以达到双方和谐融洽的最佳氛围。

（5）安排返程

根据客户的要求，秘书提前订购返程车票、船票或飞机票，并及时送到来访者手中。来访者离开时，安排好相关领导或工作人员陪同送行。

4.监督、检查接待方案

在接待方案的实施过程中，难免会有变更或遇到棘手问题，这时需要秘书进行监督与检查，确保各项接待工作平稳落实。除了做风险评估提前预案外，在实施过程中秘书还应根据突发情况的严重性来进行合理的处理或者升级处理，直到问题解决。这一切，秘书要以客户良好的感知为首要准则。

（五）介绍礼仪

了解了接待工作的三个环节，我们再进一步学习介绍礼仪。即秘书与客户第一次接触，双方进行介绍的礼仪。包括自我介绍、相互介绍、为他人做介绍等，秘书应注意这其中的相关礼仪，给客户带去良好的感受。

1. 自我介绍

在接待工作中，若和客人是初次见面，秘书可以主动进行自我介绍。自我介绍时应当用简练的语言说清楚自己的身份、姓名。例如："您好！我是A集团公关部秘书×××，李总派我来车站接您。"同时可递上自己的名片。

2. 相互介绍

如果秘书认识某两人（或几个人），但是这两个人（或几个人）之间并不认识，那么秘书就应当主动为他们做相互介绍。在接待工作中，如果秘书与对方的某位成员相互认识，则应该由秘书将该成员介绍给同事。

3. 为他人做介绍

从尊重尊者的角度出发，应当先将位卑者介绍给位尊者，再将位尊者介绍给位卑者。也就是说先让尊者了解对方是谁，从而把握交往的主动权。介绍的时候应当使用尊称，忌讳昵称或绰号，且介绍的语言要简单明了。例如：

给小王和老李做介绍时，秘书应当先说："老李，这是咱们公司新来的小王。"然后再说："小王，这是咱们公司的老李。"

给小王和张总经理做介绍时，秘书应当先说："张总，这是我们部门新来的小王。"然后再说："小王，这是我们公司的张总。"

给同事小王和客户赵女士做介绍时，秘书应当先说："赵女士，这位是我的同事小王。"然后再说："小王，这是我们的贵宾赵女士。"

介绍时千万不可用某个手指指向人，这是非常不礼貌的举动。

（六）前台接待礼仪

1. 前台接待礼仪的内容

前台接待包括问候礼仪、电话礼仪、座次礼仪、敬茶礼仪、交谈礼仪、送别礼仪等，前台接待的水平直接展示了企业形象及企业员工的基本素养。

（1）问候礼仪

客户到达前台后，前台秘书应带着亲切的笑容，看着来访者的眼睛微微行礼，使用欢迎词"您好，欢迎光临！""您好，请问有什么可以帮到您的地方？"等，礼貌的开始会给客户留下好的印象。

（2）电话接待礼仪

首先，前台秘书接电话的声音要不急不慢，并始终保持轻松、愉悦的声调。接电话时要勤说"请问""对不起""请稍等"之类的礼貌谦辞。

其次，应在电话铃响的第二、第三声时接起电话，切勿让对方等太久。如果因故迟接，要向来电者说"对不起，让您久等了！"对知道分机号码或者具体姓名的电话，可以礼貌地说"请您稍等"，并马上转接过去。如果要求转接领导电话，前台秘书要礼貌询问对方是谁、哪个单位的，来判断是否适合直接转到领导的座机。如果是广告类的电话，前台秘书应用礼貌的借口"挡驾"，或者转到相关部门处理。切勿用不礼貌的方式或自以为是的态度，任何负面言辞都会有损企业形象与声誉。

最后，鉴于前台每天要接很多电话，为防止嗓子出现意外，前台秘书要随时准备水以滋润嗓子，随时保持良好的声音效果。

（3）迎接客人礼仪

首先，秘书在前台岗位上一般是坐着的，遇到有访客来时，应立即起身，面朝来访者点头、微笑致意："您好，请问您找哪位""有预约吗"。确认预约之后，秘书应引领来访者坐在等待室内稍等，并立即联系相关人员。如果要找的人正在忙，可以为来访者倒上茶水，说明缘由请其稍等。如果来访者等待时间过长，前台秘书不能对来访者不闻不问，而应该再去关照一下来访者，并进行解释和安抚。

其次，如果领导让领来访者前往办公室，前台秘书应该用规范的手势指引客户，或者带领来访者过去。到达后即使办公室门是开着的，前台秘书也应先敲门，获得领导许可后，再请来访者进入，并为来访者倒好茶水，才可返回岗位。

最后，如果是突然拜访的来访者，没有提前预约，前台秘书应打电话联系相关同事或领导的秘书："×××单位的×××来访，但无预约，不知道现在是否方便接待。"相关人员如果不在公司，前台秘书应用礼貌的态度告知来访者详细的情况，并为来访者记录联系方式与来意，在见到领导时传达该来访者的信息。

（4）敬茶的礼仪

敬茶是基本的办公室礼仪。领导接待客户，前台秘书应为客户准备好茶水。敬茶过程大致分为两个步骤：①倒茶，要掌握好茶水的量。常言，待客要"浅茶满酒"。所谓浅茶，即将茶水倒入杯中三分之二为佳；②奉茶，应双手给客人奉茶。对有杯耳的杯子，通常是用一只手抓住杯耳，另一只手托住杯底，把茶水送给客人，随之说声："请您用茶"或"请喝茶"。前台秘书切忌用手指捏住杯口边缘往客人面前送，这样敬茶既不卫生也不礼貌。

（5）送别礼仪

在客人起身要走的时候，前台秘书应等客人起身后，自己再起身相送。不可客人一说要走，就立即站起来。送客的时候，前台秘书一般应将来访者送到大门口。

2.前台秘书在接待中的注意事项

（1）展现热情大方的态度

不论是第一次来访还是经常到访的客户，只要有客到访，前台秘书均应停下手中的工作，立即起身表示欢迎。对于不是初次到访的客户，秘书若能直接叫出其姓名，这会让客户从心里感到亲切。记住客人的姓名，是秘书职业能力的体现，也是一门技巧，需要进行刻意的锻炼。

（2）灵活处理"挡驾"场合

为了聚焦领导的工作时间，协助领导提升工作效率，前台秘书要对一些来访的客人进行提前"过滤"。对于突然而至的来访者，前台秘书应请示领导，不能仅仅根据自己的个人判断将客人拒之门外。若确实需要前台秘书拒绝的，也要注意礼貌用语，说话要留有余地。对于"挡驾"场合，需要前台秘书灵活处理，不可鲁莽，不可态度恶劣，要根据不同情况选择不同的处理方式。

（3）为客人聚焦时间

为客人聚焦时间的前提是了解客人来访的目的、所要见的人员等信息。对于有预约的客人，前台秘书应引领其到等待室或者会议室，并及时通知领导或者预约的人。对于事先没有预约的客人，前台秘书要详细问明客人到访的缘由及要找的人，然后再联系相关部门或人员。秘书如不问清楚到访目的，将客人随意带至相关部门，若无法解决客人的问题，会造成客人时间上的浪费。

（七）乘车座位礼仪

乘车礼仪是秘书接待工作的重要礼仪之一。有许多细节需要秘书掌握，以增进客户对企业的认可。

1.乘车礼仪

（1）准备充分

秘书应提前为客人安排好交通工具，不能等客人到了才匆忙安排，这样容易造成时间上的浪费，甚至让客人到达后空等车辆的到来。这样都是不礼貌的。

（2）座位排列有序

秘书应根据不同车型，为客人合理安排座位，体现出对客人的重视，展示出企业的热情。

①小轿车。小轿车即常见的双排五人座轿车。车上座次的高低顺序依次为：后排中座、后排右座、后排左座、前排副驾驶座。若领导亲自驾驶轿车，在一位客人的情况下，客人应坐在副驾驶座上，以显示平等。

②吉普车。吉普车无论是领导驾驶还是司机驾驶，都应以前排右座为尊，后排右侧次之，后排左侧为末席。上车时，后排位低者先上车，前排尊者后上。下车时前排客人先下车，后排客人再下。

③旅行车。秘书在接待团体客人时，多采用旅行车接送客人。旅行车以司机座后第一排即前排为尊，后排依次为小。其座位的尊卑，依每排右侧往左侧递减。

通常来说，轿车的前排特别是副驾驶座，是车上最不安全的座位。因此，按惯例在社交场合，该座位不宜请妇女或儿童就座。而在公务活动中，副驾驶座，特别是双排五座轿车上的副驾驶座则被称为"随员座"，专供秘书、翻译、警卫、陪同等随从人员就座。

（3）上下车为客人开关车门

秘书在迎送领导、客人乘车的时候，应首先为他们打开右侧后门，并以手挡住车门上框，同时提醒"当心车门"，等其坐好后再关门。抵达目的地后秘书应首先下车，为领导或客人打开车门，并以手挡住车门上框，协助领导或客人下车。

2.女秘书乘车礼仪

首先拉开车门，先将背部侧向座位坐在座位上，再把双腿并拢一块收进车内，坐好后稍加整理衣服，坐定关上车门。

①上车姿势：上车时姿态应该为"背入式"，即将身体背向车厢入座，坐定后即将双脚同时缩进车内（如穿长裙，应在关上车门前将裙子弄好）。

②下车姿势：应将身体尽量移近车门，立定后将身体重心移至这一脚上，再将整个身体移离车外，最后踏出另一只脚（如穿短裙则应将两只脚同时踏出车外，再将身体移出，双脚不可一先一后）。

（八）接待投诉礼仪

秘书在日常工作中，会接待一些突然拜访且态度不是很友好的客人，他们多是为了投诉才登门造访的。如对公司的产品使用后觉得不满意，或者是在与销售人员接触时受到了不好的服务接待等。这种情况下客人会上门问责，甚至要求直接找企业的总经理。很多企业有专门的客户服务部门，予以处理投诉事项。但若客人要求见企业的领导，秘书则需要为领导处理好这种情况。

1.秘书处理投诉的一般方式

（1）认真倾听

秘书在见到情绪激动的客人时，应将客人带领至适合安静交流的封闭会议室内，切勿在企业大厅或前台与客人直面交流，避免客人因情绪激动而产生负面言辞。在与客人交流时，首要的是倾听。秘书应用心听客人投诉的缘故，不管责任方是谁，秘书都要从头到尾保持谦逊有礼，不可对客人报以不屑的态度，或者在言辞上有所冒犯。

处理投诉的时候秘书应多听少说，甚至是用本子记录下来。多站在客人的角度，附和客人的抱怨，理解客人的情绪，切勿急着为企业辩解。通常秘书为企业辩解的动机是好的，但是这样的辩解若不当，反而引起客户情绪激动，使事情变得难以处理。

（2）满足情感诉求

每个人都有被赞赏、被同情、被尊重、被理解的情感诉求，秘书应尽量去理解客人的情绪。如为客人倒杯水，多说一些安慰的话。当然，要完全安抚客人的情绪，满足其诉求，这对秘书的情商要求非常高，包含了灵敏的洞察力。这需要秘书在日常事务的处理中不断地积累，提升自己这方面的能力。在此之前，秘书需做到满足客人最基本的情感诉求，即给客人充分的尊重。

（3）协助领导提前处理客人的负面情绪

毕竟秘书人员不是处理客户投诉的专业人士，对于贸然登门者，切不可将其直接带到领导面前，这种做法极可能让客人对领导直接发泄情绪，造成双方误解加深，领导无法下台的局面。相反，秘书应为领导提前处理客户情绪，作为一个情绪缓和的承载体，等待客人情绪稳定后，再决定是否与领导见面，是否可以让相关部门把问题或矛盾处理好。

2.秘书在处理投诉过程中的忌讳事项

（1）直接拒绝客人

若秘书为了维护企业，直接告诉客人领导不在，或者表示出对客人的不满，这种方式极易造成客人的情绪升级，使其更加纠缠不休。因此不管遇到什么情况，秘书首先要沉着冷静，遇事不要慌张，尽量平息客人心中的怒火，让客人对企业转变态度。

（2）处理速度缓慢

对于情绪激动、态度恶劣的客人，秘书要判断对方来访的性质，是故意捣乱，还是真的有不满需要处理。若是前者，秘书应及时联系保卫科；若是后者，秘书应合理进行安排，协调至相关部门。切勿将客人放置一边，不予理会，让客人无限期地等待。

（3）态度恶劣暴躁

客人来投诉，情绪肯定是糟糕的、负面的，如果秘书在处理的时候带着敷衍的情绪，或者态度暴躁，对客人不屑一顾，只会让事情往更坏的方向发展。因此，秘书要稳定自己的情绪，态度要谦和平稳。切勿因客人的不良情绪，影响自身的情绪。一切应以维系企业良好形象为宗旨来处理客户的投诉。

二、秘书拜访礼仪

（一）拜访工作准备

拜访又称拜见、拜会，指前往他人的工作单位或者住所，探望对方以进行沟通或洽谈，属于秘书工作常见的交际形式之一。为了实现有效沟通，达到拜访的目的，秘书应在拜访之前做必要的准备工作。

1.提前预约

秘书应事先与拜访对象进行预约，这是拜访准备工作的第一步，也是首要的礼貌准则。在工作节奏越来越快的今天，提前预约显得格外重要，是为了节约双方时间，避免带去不便。在预约时秘书要考虑以下因素。

（1）约定拜访时间

预约时间应双方进行协商，从而达成一致。秘书要考虑对方的时间安排，提供几种可供对方选择的方案。一般来说，拜访大多是为了洽谈公事，应选择对方上班的时间进行，尽量避免在吃饭、午休或者下班后登门造访，更不便在公休日、节假日进行拜访。繁忙的工作时间，一般是指每个月月初和月末，每周的周一上午和周五下午等。秘书在预约时应避免该类时间段，除非对方主动提出。

同时应遵循对方优先原则。即秘书在采用电话、电子邮件等方式提出拜访请求之后，应由对方决定会面时间。并且告知对方拜访的人数、具体的人员、拜访的时间与主题等重要信息。

（2）约定拜访地点

拜访地点应根据拜访的具体目的而定，一般而言以办公室最为适宜，也可以选择在咖啡厅、茶楼等公共场所。秘书接触较多的是公务拜访，应避免较为私密的场合，除非是保密洽谈，保密洽谈的话还需注意周边环境的保密性。

（3）预约的具体形式

预约的形式多样化，如电话预约、当面口头预约、书面预约、电子邮件预约等。在日常办公中，比较常用的是电话预约。对于较为重要的洽谈事务，秘书可采用书面预约，如电子邮件、传真等，以便留存和查询。

2. 做好相关准备

取得客户预约是第一步，第二步则需要秘书做好相关的准备工作。

（1）收集各项信息材料

拜访前应收集对方的相关材料，如企业的背景、会面人员的职务、产品的信息等。如果不熟悉，秘书应上网了解或者进行周边调研，为领导准备好第一手的材料。

（2）充分准备洽谈内容

拜访是工作的另外一种形式，所洽谈的内容是围绕工作开展的。如对洽谈的内容没有做好功课，会降低效率，给双方带去不便。秘书应深度挖掘对方的需求，或明确表达我方的诉求，协助领导列出洽谈细节，从而对症下药。

（3）明确洽谈的方式

秘书应考虑采用何种形式与对方沟通更妥当，特别是拜访高级别的客户，更应注意谈话的态度与方式。比如，秘书可通过对方的秘书或周边人员对对方领导进行深入了解，获得对方领导的喜好与忌讳，为洽谈奠定良好的基础。

（4）物品材料携带齐全

秘书在当天拜访前，需对物品和材料进行多次检查确认，包括领导的名片、笔记本、笔、电话本、公司和产品的介绍、本次洽谈内容等。如果洽谈开始了才发现有材料没有带，或者领导的名片没有带，这种不职业的事情不仅有损秘书的礼仪形象，更有损企业的品牌形象。

（5）仪表修饰适宜

正式的拜访应穿着整齐大方、端庄大气，体现职业特点和要求。对外所展示出的秘书形象，不仅是秘书个人的，同时也代表了领导和企业的形象，因此秘书要掌握仪表礼仪。

（二）登门礼仪

秘书在与对方约定好拜访时间、做好准备工作后，即可陪同领导进行正式的拜访工作。登门指到达与拜访对象约定的地点，多是办公室。登门礼仪，是拜访礼仪中的重要环节。秘书要关注以下几点。

1. 守时登门

守时是一种礼貌，更是职场的基本素养。例如，与对方约在上午10点钟会面，应提前5~15分钟到达。如果太提前，很可能对方还在处理上一项工作，会给对方造成困扰和不便；如正好10点钟到达，对方会猜测你的守时性；更不可迟到。在正式会面前，秘书应将手机调整为振动或静音状态，避免突然响起的铃声打扰洽谈。

2. 进门礼仪

秘书应遵循客随主便的原则，无论和主人的关系如何密切，也不能不打招呼直接进入。应在对方企业的前台进行报备，等待工作人员汇报、主人同意后，再进入会面区域。秘书在敲门或者按门铃的时候，应以食指轻叩两三下稍等片刻，留出时间给对方回应。切勿急着再敲门或者按铃，这样会显得秘书办事匆忙，也有悖礼仪。

3. 寒暄问好

寒暄是为了拉近彼此的情感，消除陌生感。在双方见面后，秘书应先主动送上自己及领导的名片，进行自我介绍。待闲聊几分钟，解除对方的戒心，加强彼此的认知后，再进一步深入沟通。如谈天气、兴趣、新闻等，这些话题均属于寒暄问好。但应避免谈论政治、信仰等过于个人化或社会化的话题，以免造成对立与矛盾。

4. 其他注意事项

①到达后，应当由对方带路，让领导先行；
②进入接待室后，不要将公文包放置在椅子或者桌上，一般应放在右手下面的地板上；
③外套不能随意挂在椅背上，可叠放在公文包上面；
④对于端上的茶水或饮料，应起身双手接过，并表达谢意；
⑤一般不可吸烟，除非领导同意或者发出邀请，切不可随意乱弹烟灰。

（三）交换名片礼仪

秘书应随身携带企业领导、重要成员以及自己的名片。在拜访过程中，按规范传递名片、互换名片，都是一种礼仪。同时，秘书在日常工作中会接触到许多名片，应养成定期整理、合理分类的习惯，保证在需要的时候能方便、快速地找到名片。关于名片礼仪，我们可以关注以下几点。

1. 名片的作用

名片在工作交往中能够起到介绍自己身份、便于对方与自己联络的作用。拜访他人时，如果拜访对象恰巧不在，秘书可以留下名片，以方便对方与自己联系。赠送或转交物品时也可以附上自己的名片，以便告知对方自己的信息，方便后期的联系。

2. 名片的样式

名片设计的形式多种多样，通常每个公司都有统一设计的版式，以呈现出公司的独特性。名片是人的"第二张脸"，秘书要保持领导名片的干净整洁。名片的基本版式有横、竖两种，以横版最为常见。

3. 交换名片的顺序

交换名片时，通常由位卑者主动向位尊者递出自己的名片，以便于对方了解自己的身份。位尊者可以不回送自己的名片，位卑者不可贸然索要，以免招致对方不快。同时向多人递送名片时，可按照"先尊后卑、先近后远"的顺序依次递送。

4. 递名片的要点

递出名片时，为了表示对对方的尊重，秘书最好用双手递出。递出时要注意，文字的正面应当朝向对方，以便对方接过来后可以直接阅读，不用再调转名片。

5. 接收名片的要点

接收他人名片时，秘书应用双手接过来并立即阅读，同时表示感谢或赞美。有任何疑问（如有不认识的字时）应当立即问清楚。对方的名片不可以随意乱放，应当恭敬地收放在妥当的地方。收到对方的名片之后，应当回递自己的名片；如果无法回递自己的名片，要礼貌地向对方说明原因并表示歉意。

（四）洽谈礼仪

洽谈礼仪无论是在拜访中，还是在日常工作中，都比较关键。拜访的核心内容，是进行洽谈，通过洽谈达成最终目的。秘书在与客户交流沟通的时候，应掌握以下的洽谈礼仪。

①洽谈时，秘书无论是站着、坐着，还是在行走过程中与人交谈，仪态都要规范、端庄大方。

②洽谈时允许恰当使用手势，但要注意距离客户越近时，手势应当越少，手势幅度也越小。正确、得体的手势，能起到增强语言表达效果的作用；不恰当或过于夸张的手势，会让人反感。

③洽谈时，要保持用礼貌的目光交流，眼神、表情要自然。

④交谈过程中使用双方都能听懂的语言，要求语言流利，声音清晰明朗，音量恰当。语调、语速要能随着交谈内容的变化而变化。

⑤秘书要紧紧把握洽谈的核心内容，避免过度地漫议、漫谈。若双方的兴趣爱好点较多，极易产生天南地北的闲扯，会造成时间到了核心内容还没有谈到，以致耽误重要的事情。因此，秘书要在适当的时候提醒领导关注洽谈的核心。

1.交谈时常用的礼貌用语

①"您好"。这是交谈开始时最常用的表示问候的礼貌用语。若对方先问候"您好"时，你也可以同样用"您好"回应。

②"请"。出于礼貌，为表达对交往对象的尊重，应使用"请"作为托语。在要求他人做某事时，也可使用"请"。"请……"这种礼貌的语言可以赢得交往的主动性，也容易赢得他人的好感。

③"谢谢"。在交谈当中感受到对方对自己的帮助、关照、尊重时，都可以立即向对方说"谢谢"。在社会交往中，这是一句使用频率较高的回敬语，也是十分有效的日常用语。

④"对不起"。这是一句常用的致歉语。感觉自己打扰、妨碍、影响了对方时，都应及时地说"对不起"。

⑤"再见"。交谈完毕与对方告别时，应使用道别语，来表达与对方的惜别之意。

2.在拜访洽谈中不能出现的说话内容

①粗话。在洽谈当中讲粗话，例如，称老年人为"老头儿"或"老太婆"，称女孩子为"小妞"，称士兵为"当兵的"，这是很失身份和无礼的表现。

②脏话。在洽谈当中讲脏话骂人，不但不文明，而且很失身份，会给交往对象留下粗野的印象。

③黑话。讲黑话的人会显得匪气十足，令人反感、厌恶，难以与他人进行良好的沟通与交流。

④荤话。秘书与客户洽谈时如果讲话"带色"，会显得低级趣味、粗俗无聊，严重的还会对他人构成骚扰。

⑤怪话。说话怪里怪气或讥讽嘲弄、怨天尤人、黑白颠倒、耸人听闻，都会反映出自身素质的低下，令人生厌。

⑥气话。在交际中说气话，容易伤害无辜的人。闹脾气、泄私愤、大发牢骚、指桑骂槐，都会给双方的交流造成困难。秘书与客户洽谈时，不可将自己的个人情绪发泄在无关的人身上，否则很容易伤害对方或得罪对方。

（五）告辞礼仪

在拜访结束前后，秘书为体现恰当合适的仪态，应掌握告辞相关方面的礼仪。

1.掌握适度的拜访时间

洽谈应控制在预约时间内，对于内容较多、时间较久的拜访，秘书应把握节奏，以免超出预约的时间。因为占用对方计划外的时间，是非常不礼貌的行为，也会给对方带去困扰，打乱对方下一步工作计划。

2.告辞的方式

①告辞的时候，要稳重，不要显得迫不及待。

②若发现对方在看手表，或者有急事待处理，应心领神会，主动提出告辞。

③起身离开的时候，应将茶杯盖盖上，简单清理面前的杂物。

④若有需求，可当场约定下一次拜访的时间，并表达感谢。

三、见面问候礼仪

无论是接待还是拜访工作，都免不了见面问候。秘书应灵活运用见面问候的礼仪，给对方留下良好的印象。

（一）握手礼仪

握手礼仪是秘书在工作场合中最常使用的见面问候的礼节，需要熟练掌握以下要点。

首先，握手时由尊者掌握主动权。尊者先伸手，也就是说由尊者决定要不要握手。具体表现在以下方面。

①工作场合，上司、客户先伸手。

②社交场合，长者、女士先伸手。

③如果对方已经热情地向我们伸出了手，那么不管对方地位高低，我们都应该和对方握手。对他人已经伸出的手置之不理是非常失礼的行为。

④握手时一定要站起来，用右手握。除社交场合允许女士戴手套与男士握手外，其他情况下均不允许戴着手套与他人握手（女士在社交场合亦不可戴着手套与其他女士握手）。

⑤同性别的双方应当手心对手心，互相握住对方的手，时间持续大约2~3秒。然而异性之间，男士握女士手时忌时间过长。

⑥握手时的力度不可过大，也不可过小，与对方用力大致相当为宜。

⑦身体和面部的正面都应朝向对方，握住对方的手之后，应与对方有目光交流，并报以友好的微笑，同时还可说"您好！"或"认识您很高兴！"等问候语。

⑧如果有两个人正在握手，另外两个人不可从前两人手臂上方（或下方）越过去握手，这样会形成"交叉握手"的状况，是失礼行为。

其次，握手礼仪中有些常见的错误现象，秘书应注意规避。

①对方为尊者，尊者没有伸手，自己先伸手。

②对方双手都拿着东西不方便握手时，自己还"热情"地伸出手去，使对方手脚忙乱。

③对方已经伸手，自己却不和对方握手；由于某种原因不能和对方握手时，不向对方解释、道歉。

④握手时左手插在衣袋里。

⑤不分场合、不分对象，一律戴着手套随意和他人握手。
⑥戴着墨镜和他人握手。
⑦握手时身体歪斜，不正面朝向对方。
⑧握手时始终低着头，不好意思看对方。
⑨握手时心不在焉、东张西望、敷衍了事。
⑩握手以后马上擦拭自己的手。

（二）点头致意礼仪

点头致意是见面礼仪中的一种，表达相互间的问候。秘书在日常工作和接待拜访中，可以巧用点头致意礼仪，以达到增进感情的作用。

①秘书早上上班见到公司的同事时，或与某同事或客人在同一个场合多次见面时，或见到不熟悉但曾有过一面之交的人时，或在拜访时遇到熟人，都可以向对方点头致意表达问候。

②点头致意的行礼方法：当自己的目光和对方目光接触时，向对方点头，同时微笑，并用礼貌的语言问候对方，如"早上好""您好"等。

③双方的距离比较远或周围的人比较多时，可以仅用非语言信息（包括点头的动作、热情的目光、微笑的表情等）进行问候，不必同时使用礼貌用语。

（三）鞠躬礼仪

鞠躬礼在日本和韩国比较常用。在我国常用于向众人表示问候或感谢，以及向对方表达深切问候、非常感谢等场合。鞠躬礼分为15度、30度、45度、90度鞠躬礼。秘书要了解：通常位卑者先鞠躬，且鞠躬幅度比位尊者大，持续时间也较长。鞠躬的方法如下。

①男士双手贴放于两腿外侧的裤缝处，女士两手相握自然下垂置于身前。

②保持上身、颈部、头部正直，以胯为轴前倾上半身。上半身躯干前倾的同时，目光随身体下落至前方地面约1.5米处。略做停顿后仍然保持身、颈部、头部正直，以胯为轴使身体恢复原位，同时目光亦随身体恢复原位。

③行15度鞠躬礼时，目光可以一直看着对方，表达友好和问候。

④鞠躬的同时，也可用礼貌用语进行问候。

（四）合十礼仪

合十礼仪是起源于佛教的礼节，常见于亚洲信奉佛教的国家和地区。合十礼的行礼方法具体是：将两手手掌对合，呈祈祷状，放在胸前，并且向前稍微弯身。手掌的高度应当在胸部至眼睛之间，对方地位越高，则手掌的高度越高。但要注意切不可把合着的手掌举过头顶，这个动作会被误解为侮辱对方。

（五）拱手礼仪

拱手礼仪又叫长揖，主要用于春节团拜、感谢、祝贺等场合。拱手礼的行礼方法：上身挺直，双手抱拳举至下巴处，自内而外或者自上而下，有节奏地晃动两三下。拱手礼是我国的礼节，以此礼节问候外国友人时，对方有可能不理解这个动作的含义，秘书应慎重使用。

（六）交流的距离

除了以上各个礼仪的关注点，秘书还应关注"距离"。在与客户面对面交流的过程中，应该保持什么样的距离比较合适呢？根据现代"空间关系学"理论，在人们的意识里，有四种距离感，每种距离又有两种状态。

1. 亲密距离

①近距离状态：0~15厘米（如恋爱关系等）。

②远距离状态：15~45厘米（如在公共汽车、电梯里等）。

2. 私人距离

①近距离状态：45~75厘米（如握手等）。

②远距离状态：75~120厘米（如进行谈话时等）。

3. 社交距离

①近距离状态：120~210厘米（售货员对顾客、上司对秘书、值班秘书接待来访客人等）。

②远距离状态：210~360厘米（如一般性的社交、商业活动等）。

4. 公众距离

①近距离状态：360~750厘米（如演讲、演说等）。

②远距离状态：750厘米以上（如政治家为了人身安全与他人保持的距离等）。

所以，秘书理解了这个距离的概念，在接待、拜访的过程中，合理地运用社交距离，会给对方亲切感，且彼此都不觉得压抑。

四、馈赠礼仪

礼品的馈赠往来是社会交往中表达友好情感、交际应酬、拜访客户的一种手段。中华民族素来重视人情，礼尚往来是为了营造良好的人际关系网络。秘书作为领导的助手，为领导选择合适的礼品是礼仪的一种体现，尤为重要。

（一）馈赠礼品的原则

馈赠是友好的表示，礼品是友好的象征。礼品的意义重在传递出友好情谊，表达出真诚的内心情感。秘书在选择礼品时，应考虑受礼者的个人兴趣爱好、性格特点、身份地位，以及民族、风俗、信仰等。要提前进行多方面的调查与了解，投其所好，切忌盲目挑选，如果触犯对方的禁忌则会适得其反。秘书在选择礼品时，应注意掌握以下几个原则。

1. 适宜性原则

秘书应根据受礼者的不同来挑选礼品。受礼者大致分为组织和个人两种。对于组织，应根据其背景特点及与我方的关系，来判定馈赠的性质，从而选择礼品；对于个人，应充分了解受礼者的性别、年龄、爱好、背景、特点等基本情况，精心挑选礼品。如受礼者是长辈，应以实用为主；如受礼者是孩子，应注重益智或趣味性；如受礼者是外宾，应尊重对方的习俗，并纳入中国特色。秘书要掌握适宜性原则，针对不同受礼对象，挑选合适的礼品。

2. 轻重原则

古话虽有"礼轻情义重"，但落实到当下的人际交往中，也不能过于理论化。秘书要根据受礼者的身份等不同的情况，来判断礼品的轻重。礼品太轻会给人不受重视、过于随便的感觉；礼品过重会增加受礼者的心理负担。秘书要善于思考，敏锐地抓住受礼对象的特征，分辨好轻重，才能让受礼者觉得舒服。

3. 回避禁忌原则

因人们在民族、宗教信仰、生活习俗、个人兴趣爱好等各方面均不相同，所以对待同一种礼品的态度也不尽相同。如有些地方不提倡送"钟"（与"终"谐音），不送刀或者剑（意为"一刀两断"）等。又如有些地方忌讳"4"或者"7"这两个数字。秘书应在投其所好的基础上注意回避这些禁忌，以免弄巧成拙。

4. 时机原则

礼品的馈赠贵在适时，即要选择恰当的时机。过多或过少都不符合礼品馈赠礼仪。一般来说较为适合送礼品的时机，如喜庆节日（开业典礼、周年纪念、中秋节、春节等），表达祝贺或问候；外出公干或出游归来，可顺便携带小礼品，表达热情和重视；探视病人也可带上礼品，表达关心和祝福。

（二）礼品的种类

礼品的种类有很多划分标准，如从送礼的目的、受礼的对象、礼品的特性来划分。其中以礼品的特性来区分礼品较为普遍，一般分成以下两种：一是可以长期保存的礼品，如书画、照片、艺术品、古董等；二是短期适用的礼品，如一次性消费品、电影票、购物卡等。秘书应根据不同的受礼者、不同的时机来区分礼品。

（三）送礼礼仪

为使受礼者愉快地接受馈赠，并且产生愉悦的心情，增进双方的情感，秘书应讲究赠礼礼仪。什么时间、什么地点、什么人赠送，秘书应事先考虑清楚。送礼礼仪主要包括以下几个方面。

1. 包装精美

精美的包装不仅能够让礼品显得更加精致、提升礼品的档次，更能体现出馈赠者的用心，并表达馈赠者对受礼者的尊重。同时好的包装能够增加礼品的内涵，体现馈赠者的文化素养和艺术品位，起到锦上添花的作用。

在包装礼品的时候，应讲究色彩、图案及包裹方式，可以粘贴上祝词或签名卡片。但也不可过分包装，也就是说，包装要与礼品本身的价值相匹配。因为受礼者往往会通过包装来判断礼品的价值，如果一份礼品的价值不高，却用豪华绚丽的包装，会让受礼者误以为是高档礼品，从而内心产生很高的期望值。可一旦受礼者打开包装，看到并非如此会感到失望，很可能对馈赠者产生不满情绪。

2.时间适宜

馈赠礼品的时间通常包括两个方面：一是选择最佳馈赠时机，传统的节假日和对方重要的纪念日、节庆日等都是馈赠礼品、联络情感的好时机；二是确定具体的馈赠时间，如拜访他人时，最好在双方见面之初即向对方送上礼品；而接待宾客时，应在客人告辞时送上礼品。秘书应注意挑选这两个时间点，达到馈赠的最好效果。

3.场合恰当

一般来说，礼品应该当场当面赠送。秘书应注意赠送礼品时的场合，不宜在人多的场所，特别是当众只给一群人中的某一个人送礼是不合适的。这样会使受礼者尴尬，更会使没有收到礼品的人觉得被冷落和轻视。

4.态度合理

送礼态度直观地表现了馈赠者的心情。亲自赠送、托人代送、邮寄转送，这三种一般是馈赠者送达礼品的方式。其中以亲自赠送最为郑重。亲自赠送的时候，一定要恭恭敬敬、大方得体，用双手将礼品奉上，同时向对方说些问候、祝贺等话语，如"不成敬意，请笑纳""承蒙关照，多多感谢""希望您能喜欢"。秘书要注意的是，切不可将礼品不声不响地放下后离开，或者单手把礼物随意递给对方后掉头就走，这会使受礼者感到尴尬，也是不礼貌的表现。

（四）送花礼仪

鲜花被人赋予美好、幸福、吉祥、祝福的象征。送人鲜花，既可以表达情感、传达友情与祝福，还可以显示出赠送者的品位和修养。

在我国用于喜庆事宜的花，通常有两种类型：一是花名含有吉祥喜庆意义的花（如"百合"象征"百年好合"）；二是颜色为暖色的花（如红色、粉红色、橙黄色等）以及绚丽多彩的组合花色。其次对于花的包装，应使用鲜艳的包装纸和暖色丝带。而白、黑、蓝等冷色调的花，多用于悲痛事宜，包装也宜清淡素雅。

1.根据场合确定花卉种类

秘书应了解不同场合中常用的花卉种类。根据不同的情况，送上合适的花，表达正确的情感。

①开业大吉：可选择花朵硕大华丽的花，如美人蕉、大丽花、洋兰等，同时玫瑰、康

乃馨这类花也寓意着兴旺发达、财源广进。

②结婚庆典：颜色鲜艳的玫瑰、百合、天堂鸟、香雪兰、康乃馨等。

③喜得贵子：蔷薇、星形花、康乃馨、火鹤、孔雀草、仙客来等。

④恭贺寿辰：康乃馨、剑兰、长寿花、万年青、大丽花、迎春花、兰花等。

⑤探望病人：康乃馨、玫瑰、兰花等。气味忌过于浓烈，颜色忌白、蓝、黄，数量忌3、4、9、13、14等。

⑥悲痛悼念：白玫瑰、栀子花、白莲花、黄白菊花等。

⑦新春佳节：水仙、红掌、金橘、鹤望兰、大丽花、牡丹花、桃花、吉庆果、状元红、吉祥果等。

⑧乔迁之喜：盆栽盆景，如巴西木、绿萝等。

2.送花的禁忌

秘书应先去了解受赠者的身份、背景，要尊重对方的习惯，避免触犯对方的禁忌。如下是送花给外国人时的禁忌。

①国际交往场合忌送菊花、杜鹃花、石竹花以及黄色的花给客人。在法国、德国、意大利、西班牙、比利时等国，菊花象征悲哀和痛苦。

②在印度和欧洲国家，白色的百合花常用于葬礼。

③在法国，黄色的花表示不忠诚。

④在巴西，绛紫色的花主要用于葬礼。

⑤在拉丁美洲，菊花是送给死者的花。

⑥在日本，莲花是在人死后的世界里用的花。给病人送花不能送带根的（"根"的发音与"困"相近，使人联想到一睡不起）。如果送菊花给日本人，只能送品种为15片花瓣的。

⑦罗马尼亚人送花时一般送单数不送双数，但在对方过生日时例外。

⑧给欧洲人送花忌"13"。参加葬礼时不能送有香味的花。

⑨给俄罗斯女主人送花要送单数，他们喜欢"7"但忌"13"；给男士送花必须送颜色鲜艳的大花。

⑩在德国，玫瑰代表爱情，不要将玫瑰随便送给一般关系的女士。郁金香在德国代表"无情"，送郁金香表示"绝交"。

⑪英国人不喜欢红色或白色的花。

⑫在国外，送小朵的花给中年人表示你认为他们不成熟。

参考文献

[1] 李莹. 办公室秘书实务研究 [M]. 长春：吉林大学出版社，2017.

[2] 孙国华. 秘书基础 [M]. 北京：航空工业出版社，2014.

[3] 杨群欢，李强华. 秘书理论与实务 [M]. 2版. 重庆：重庆大学出版社，2015.

[4] 刘丽娜. 秘书的秘密4：顶尖秘书的成功之道 [M]. 北京：中国法制出版社，2014.

[5] 杨锋. 秘书工作案例与分析 [M]. 2版. 广州：暨南大学出版社，2016.

[6] 范立荣. 现代秘书工作手册 [M]. 北京：首都经济贸易大学出版社，2012.

[7] 文华. 秘书工作实用手册 [M]. 北京：企业管理出版社，2012.

参考文献